VON SCHULEN LERNEN

Teamarbeit macht Schule
Bausteine der Entwicklung.
Die Robert-Bosch-Gesamtschule, Hildesheim

Klett I Kallmeyer

Bibliografische Information der Deutschen Nationalbibliothek
Die Deutsche Nationalbibliothek verzeichnet diese Publikation in der Deutschen Nationalbibliografie;
detaillierte bibliografische Daten sind im Internet über http://dnb.d-nb.de abrufbar.

Impressum

Günter Binsteiner, Jürgen Braun, Hans Georg Henkel, Wilfried Kohrs, Wilfried Kretschmer,
Volker Reichardt, Henning Rosahl, Kirsten Sümenicht, Bruno Worms
Teamarbeit macht Schule
Bausteine der Entwicklung. Die Robert-Bosch-Gesamtschule, Hildesheim
In der Reihe Von Schulen lernen

1. Auflage 2009

© 2009. Kallmeyer in Verbindung mit Klett
Erhard Friedrich Verlag GmbH
D-30926 Seelze-Velber
Alle Rechte vorbehalten.
www.friedrich-verlag.de

Redaktion: Stefan Hellriegel, Berlin
Realisation: Friedrich Medien-Gestaltung
Druck: Print-Design-Druck GmbH, Minden
Printed in Germany

ISBN: 978-3-7800-1023-0

Nicht in allen Fällen war es uns möglich, den Rechteinhaber ausfindig zu machen. Berechtigte Ansprüche werden
selbstverständlich im Rahmen der üblichen Vereinbarungen abgegolten.

VON SCHULEN LERNEN

Teamarbeit macht Schule
Bausteine der Entwicklung.
Die Robert-Bosch-Gesamtschule, Hildesheim

Günter Binsteiner · Jürgen Braun · Hans Georg Henkel ·
Wilfried Kohrs · Wilfried Kretschmer · Volker Reichardt ·
Henning Rosahl · Kirsten Sümenicht · Bruno Worms

Klett | Kallmeyer

Schule als Lebensraum

Vorwort

Die Erinnerung an meinen ersten Besuch an der Robert-Bosch-Gesamtschule als Mitglied der Jury des Deutschen Schulpreises im Sommer 2007 zeigt mir Szenen voller vitaler Vielfalt. Ich sehe mich mit dem Schulleitungsteam und den Jurykollegen um einen großen Tisch sitzen. Fast alle gehören meiner Generation an, haben also vielleicht dreißig Berufsjahre hinter sich. Alte Hasen. Viele Lehrerinnen und Lehrer dieser Generation leiden an ihrem Beruf, erkranken an Burnout, an seelischer Verausgabung bei einer Arbeit, die immer schwieriger wird, weil die Gesellschaft immer mehr von den menschlichen Kosten der globalen Moderne auf die Jüngeren und auf die Schule abwälzt. Von einer solchen Erschöpfung spüre ich überhaupt nichts. Hier scheinen alle die „zweite Luft" zu haben. Pädagogische Leidenschaft und alltagsgeprüfte Professionalität, selbstbewusste Argumentation und unbefangene Offenheit, beeindruckendes Wissen und Neugier machen das Gespräch leicht und reich. Es macht keinem etwas aus, auch nicht dem Schulleiter, bei einer Frage zu sagen: „Das weiß ich nicht, das müssen Sie den Kollegen fragen." Die Vorstellung vom allwissenden, alles lenkenden Schulleiter, ein deutsches Relikt aus obrigkeitlichem Geist, ist hier längst in der Mottenkiste verschwunden. Der kritische Geist der 68er-Generation hat hier im Durchgang durch schwierige Aufgaben und schwierige Zeiten zu neuer Kraft gefunden – erfahrene Aufklärung gewissermaßen. Man macht kein Hehl aus den emanzipatorischen Idealen der Pädagogik, die man vertritt, und lässt keine Zweifel daran aufkommen, dass diese Ideale nach wie vor gelten. Aber sie haben sich mit einem unternehmerischen Realismus und einer fachlichen Selbstdisziplin im Interesse der Heranwachsenden verbunden, die ihresgleichen suchen. Die Schule hat keine Angst vor Konkurrenz. Selbstverständlich, dass die Ergebnisse und Qualitäten der Schule und des Lernens durch unterschiedliche Verfahren objektiv gemessen und selbstkritisch bedacht werden.

Der demokratisch-integrative Führungsstil an dieser Schule war mein erster starker Eindruck. Was ist das? Es gilt als Grundlage erfolgreicher Schulentwicklung, dass die Schulleitung eine Schlüsselfunktion hat. Das wird bei den für den Deutschen Schulpreis vorgeschlagenen Schulen eindrucksvoll bestätigt. Viele der Schulleiterinnen und Schulleiter verfügen über das, was man als „Leadership" bezeichnet: die Fähigkeit, Ziele überzeugend zu vertreten, andere mitzunehmen und zu begeistern, Platzhalter für die Ideale, aber auch für die hartnäckige Bearbeitung hartnäckiger Probleme zu sein. Freilich: Nicht weniger eindrucksvoll ist das professionelle Niveau beruflichen Wissens, Könnens und Handelns, die pro-aktive Kollegialität, Kooperationsfähigkeit und Kontaktfreude. Schulen können heute ihre komplexen Aufgaben nicht wirklich gut bewältigen, wenn sie nicht durch ein demokratisches und zugleich zielorientiertes Führungsmanagement in der Breite mobilisiert und ermutigt werden.

Ein zweites Bild zeigt mich im Gespräch mit Schülerinnen und Schülern aller Altersgruppen, gewählte Schülervertreter, die mir von ihrer Schule erzählen. Gleich zu Beginn überreichen sie mir eine Liste mit 35 Punkten: „Dinge, die die RBG ausmachen (Alltägliches und besondere Events)". Sie reichen von „1. zwei Klassenlehrer" über „4. Schulzoo", „17. UNESCO-Brunnen-Café", „18. Ostseeprojekt" und „27. Raum der Stille" oder „32. Demonstration gegen Nazis" bis „35. Behindertenarbeit, Altenpflege". Die Kleineren und die Großen kennen ihre Schule und bleiben keine Antwort schuldig.

Zu meinem Panorama von dieser Schule gehören nicht nur die Gespräche außerhalb dessen, was wir Unterricht nennen, sondern auch viele Unterrichtssituationen: Biologieunterricht, Thema tropischer Regenwald, in der Oberstufe, bei dem Schülerinnen und Schüler mit ihrer Lehrerin wie eine Forschergruppe zusammenarbeiten, konzentriert auf die Problemstellung, streng bei der wechselseitigen Kontrolle der Ergebnisse und Argumente, kollegial anerkennend im Umgang. Bei der Bläserklasse imponiert mir die Selbstverständlichkeit und musikalische Präzision, mit der Fünftklässler dem Dirigenten assistieren und dabei lernen, über ihr eigenes Instrument hinauszuhören und ihre Eindrücke und Vorstellungen vom Klang in Worte zu fassen und anderen mitzuteilen. Zwei Schülerinnen berichten, dass sie im Foyer des städtischen Hallenbads eine große Wand künstlerisch gestalten.

Genauso selbstverständlich erscheint es, dass die Mensa in einem Wettbewerb von Studenten gestaltet worden ist, dass es seit Jahren ökologische Projekte gibt – in der näheren und weiteren Umgebung der Schule, dass ein Blockheizkraftwerk umweltverträglich Wärme liefert, die Schülerinnen und Schüler jährlich einen öffentlichen Pogrom-Gedenkmarsch veranstalten. Die Schule ist UNESCO-Schule. Man spürt, dass es hier ein Bewusstsein dafür gibt, dass die Weltgesellschaft immer mehr eine Welt-Wissensgesellschaft wird und dass wir auch ein Weltethos brauchen, einen demokratischen und ökologischen Geist, der die Achtung und Selbstachtung der Menschen öffnet im Verhältnis zu fremden Völkern und Kulturen und zur außermenschlichen Natur.

Die Schülerinnen und Schüler und die Schule haben schon viele Preise errungen. Der Deutsche Schulpreis ragt dabei besonders heraus. Warum? Wer ihn gewinnen will, muss sich auf eine pädagogische Vielseitigkeitsprüfung einlassen. Alle für das Lernen wichtigen Bereiche – Leistung, Unterricht, Umgang mit Vielfalt, Verantwortung, Schulleben und Schulentwicklung – werden analysiert, eine international besetzte Jury vergleicht die Bewerbungen, und wer nominiert wird, bekommt Besuch von einer genau vorbereiteten Expertengruppe. Die Konkurrenz ist stark, und so viel ist sicher: Alle Schulen, die die Nominierung schaffen, sind unserer pädagogischen „Normalzeit" voraus: Sie haben den großen Perspektivwechsel vom Lehren zum Lernen geschafft; sie wissen, dass es um Inklusion geht: alle mitnehmen, niemand verlieren; um Transparenz: Klarheit und Partizipation bei der Planung, der Arbeit, der Rechenschaftslegung; und dass gute Schulen nicht zuletzt durch Kunst, Musik, Theater, Feiern, durch öffentliches Lob ein Klima der Lernfreude und Lebenszuversicht kultivieren können, in der Kleine und Große immer wieder die Erfahrung machen können, dass es auf jeden von uns ankommt.

Es ist sehr wichtig, dass diese Schule ihre Erfahrungen und Einsichten in einem Buch darstellt. In einem Buch: in der verbindlichsten, würdigsten Form, die unsere Kultur hervorgebracht hat. Es ist Zeugnis, Rechenschaft. Reisebericht, Arbeitsmittel, Werkzeugkasten für Praxis und Wissenschaft. Ich wünsche ihm den Weg in viele Hände, Köpfe und Herzen, als Beitrag zu unserer wichtigsten Aufgabe für die Zukunft.

Prof. Dr. Peter Fauser
(Sprecher der Jury des Deutschen Schulpreises)

Zur Einführung

Als Hauptpreisträger des Deutschen Schulpreises 2007 ist mit der Hildesheimer Robert-Bosch-Gesamtschule eine bis dahin längst nicht so bekannte norddeutsche Schule in das Blickfeld der Bildungsöffentlichkeit des ganzen Landes gerückt worden. Zwar war die Schule erst im Jahr zuvor als eine der zehn besten deutschen Ganztagsschulen ausgezeichnet worden – mit dem Deutschen Schulpreis war und ist jedoch eine ganz andere Aufmerksamkeit verbunden.

Was ist das Besondere an dieser Schule? Und auch wenn jede Schule einzigartig ist: Gibt es Bedingungen oder Muster, die für das Gelingen von Schule insgesamt übertragbar sind? Dies sind die leitenden Fragen, die hinter diesem hier vorgelegten Buch stehen. Wir möchten die für unsere Schule erfolgreichen Faktoren darstellen. Ob dies dann übertragbar ist, muss jede Schule für sich selbst bewerten. Auf jeden Fall machen wir deutlich, dass Schulentwicklung breit getragen sein muss, dass sie gut geleitet werden muss, dass an offene und diskursive Phasen der Zielfindung klare und gut kontrollierte Phasen der Umsetzung anschließen müssen.

Wir möchten unsere Erfahrung mitteilen, dass es immer Gruppen sind, die aktiv sind. Schulentwicklung ist insofern auch immer Teamentwicklung. Vor allem aber wollen wir darlegen, dass Schulentwicklung nicht von alleine passiert und dass dieser explizit geplante Prozess viel mit Motivation, Kommunikation, Identifikation und Verbindlichkeit zu tun hat.

Im Mittelpunkt unserer folgenden Darlegungen stehen die Prozesse, bei denen es um die kontinuierliche Verbesserung der Unterrichtsqualität geht. Schulentwicklung ist für uns zuallererst Unterrichtsentwicklung. Das betrifft sowohl die Frage der Inhalte, Fertigkeiten und Kompetenzen als auch die Frage nach guten Unterrichtsmethoden. Dass wir dabei von der heterogenen Lerngruppe als der „Normalsituation" ausgehen, versteht sich für eine integrierte Gesamtschule von selbst.

Das Buch ist weitgehend von denselben Kolleginnen und Kollegen geschrieben worden, die schon bei der Bewerbung um den Deutschen Schulpreis zusammengearbeitet haben. Das Team dieser Kolleginnen und Kollegen beschreibt die Arbeit in den Teams der Schule. Wir berichten, wie sich unsere Schule auch ohne „charismatischen Führer", ohne „allmächtigen Schulleiter", aber auch nicht einfach nur so aus sich selbst heraus verändert und entwickelt hat. Der Prozess ist nicht beendet.

Wir wollen auch darlegen, wie demokratische Leitung geschickt und gekonnt das Engagement der Kolleginnen und Kollegen fördert und würdigt, die Dinge bündelt, auch eigene Ideen einbringt und vor allem im großen Haus der Schule die kleineren Räume der Zusammenarbeit pflegt.

Wir wünschen uns ein reges Interesse für diese Veröffentlichung und wir wissen, dass es das Interesse an unserer Schule weiterhin befördern wird. Auch darauf sind wir vorbereitet. Es ist ja nicht zuletzt der Sinn des Deutschen Schulpreises gute Praxis weiter zu tragen. Ein Copyright für gute Ideen gibt es nicht.

Wir bedanken uns beim Verlag für die redaktionelle Unterstützung. Dank gilt auch unserer Schulassistentin Frau Marita Eickmeyer für die technische Betreuung des Buchprojektes.

Wilfried Kretschmer
(Schulleiter der Robert-Bosch-Gesamtschule)

Schule
als lernende Institution

Die Robert-Bosch-Gesamtschule als Modell selbstständiger Schulentwicklung

Die Robert-Bosch-Gesamtschule blickt auf eine mittlerweile fast vier recht wechselvolle Jahrzehnte umfassende Geschichte mit ausgeprägten Tiefen und Höhen. Sie hat sich aus einer zeitweise gar bestandsgefährdenden Krise befreien können und sich bei dieser Anstrengung so viele Verbesserungen erarbeitet, dass sie in den letzten Jahren zahlreiche Auszeichnungen und Preise erhalten hat. Zuletzt ist sie als Hauptpreisträger des Deutschen Schulpreises 2007 als eine der „besten Schulen Deutschlands" geehrt worden.

Prägend für den eigenständigen und außergewöhnlichen Entwicklungsprozess der Robert-Bosch-Gesamtschule war und ist die Tatsache, dass das Kollegium der Schule selbst – in Reaktion auf bestimmte außergewöhnliche Ereignisse – den Wunsch nach Umgestaltung entwickelt und die Kraft zur Veränderung aufgebracht hat. Dies ist die zentrale Erfahrung der Robert-Bosch-Gesamtschule. Das hat viel mit Fachkenntnis und Engagement, mit Identifikation und Arbeitsbereitschaft zu tun. Hinzu kamen Glück und die Fähigkeit, im Problem durchaus auch die Chance zur Veränderung zu sehen. Angesichts dieser Erfahrungen sind Kollegium und Schulleitung der Robert-Bosch-Gesamtschule einhellig der Auffassung, dass eine gute Schule nicht verordnet, sondern nur unter Beteiligung aller entwickelt

werden kann. Der Zusammenarbeit der Menschen, dem Team, kommt dabei die entscheidende Rolle zu. Die Geschichte der Robert-Bosch-Gesamtschule ist eine Geschichte der Arbeit und der Zusammenarbeit ihrer Teams.

Im Folgenden soll zunächst ein Überblick zur Entwicklung der Robert-Bosch-Gesamtschule gegeben werden. Wesentliche „Meilensteine" und Verbesserungen sowie Strukturen, die sich die Schule Schritt für Schritt geschaffen hat, werden in diesem Kapitel chronologisch dargestellt.

Die Ausgangslage: Schlechte Stimmung in den 70er und 80er Jahren

Nach einem guten Start in die konservative Hildesheimer Schullandschaft im Gründungsjahr 1971 war die Schule in Stadt und Landkreis Hildesheim zunächst sehr nachgefragt. Auf 240 Plätze in 8 Klassen kamen in den Anfangsjahren jeweils mehr als 400 Anmeldungen. Diese positive Entwicklung hielt jedoch nicht lange an. Schon nach wenigen Jahren gingen die Anmeldezahlen zurück. Im Jahr 1989 war die Schule mit nur noch 93 Anmeldungen hinsichtlich ihrer Attraktivität im Raum Hildesheim ganz unten angekommen. Außerdem war die Zusammensetzung dieser Schülerpopulation eher von leistungsschwachen denn von gemischt leistungsfähigen Schülern geprägt. In der Schule selbst kam in dieser Zeit die Beschreibung der Schule als einer „Hauptschule de luxe" auf. Was waren die Ursachen dieses Niedergangs?

Die Hildesheimer integrierte Gesamtschule wurde in einer Zeit gegründet, in der eine SPD/FDP-Gruppierung im Stadtrat für kurze Zeit eine knappe Mehrheit besaß. Schon nach wenigen Jahren wendete sich dieses politische Blatt jedoch. Ähnliches passierte im Land Niedersach-

1977: Schlechte Presse für die Robert-Bosch-Gesamtschule

1977 hatte die Hildesheimer Presse wenig Angenehmes über die Robert-Bosch-Gesamtschule zu berichten.

Alarmierende Zerstörungen bei Scharnhorst und in der RBG

Ungenügende Beaufsichtigung der Schüler durch die Lehrer, unvernünftige Bauweise mancher Schulen und der unstillbare Bewegungsdrang einiger Schüler haben dazu geführt, daß alljährlich Glas- und Gebäudeschäden in den Schulen entstehen, die in die Hunderttausende gehen. Spitzenreiter ist die Robert-Bosch-Gesamtschule in deren Bereich allein im ersten Halbjahr 1977 Reparaturen in Höhe von 34 592 Mark, das sind 39 Mark pro Schüler, durchgeführt werden mußten.

Das ist das Ergebnis einer Untersuchung, die CDU Ratsherr Udo Bösch unter Zuhilfenahme „amtlicher und halbamtlicher Quellen" zusammengestellt hat. Die Aufstellung beschäftigte den Rat gestern abend und löste eine Reihe erregter Diskussionsbeiträge aus.

Wesentliche Feststellung der Verwaltung: die Robert-Bosch-Gesamtschule ist Spitzenreiter in Sachen Zerstörung, das betrifft sowohl die Glas- als auch die sonstigen Beschädigungen. An zweiter Stelle liegt das Scharnhorstgymnasium, wo jeder Schüler, der Aufstellung Böschs zufolge, in der Zeit vom 1.1.77 bis 15.4.77 für 14,19 Mark Schaden anrichtete.

Einige Beispiele:

Die 1636 Schüler der Robert-Bosch-Gesamtschule richteten 1975 Glasschäden von 20 289 Mark an, die 971 Scharnhorstschüler verursachten im selben Jahr für 12 490 Mark Schäden. In der Ganztagsschule Drispenstedt (712 Schüler) wurden im selben Zeitraum für 4358 Mark Schäden registriert, das sind 2,06 Mark pro Schüler, am Goethe-Gymnasium waren es 1975 bei 961 Schülerinnen 1948 Mark Glasschäden, das macht pro Schülerin und Jahr 1,72 Mark.

1976 stieg die Schadensumme in der Robert-Bosch-Gesamtschule auf 33 009 Mark, im ersten Halbjahr 1977 waren es bereits 34 592 Mark. Die Zahlen des Scharnhorstgymnasiums: 1976: 13 178 Mark, bis 15.4. 13 785 Mark. Dazu die Zahlen der Ganztagsschule Drispenstedt 1976: 6108, 1977 (bis 15.4.) 1471 Mark.

Die Zahlen der Robert-Bosch-Gesamtschule im einzelnen ergeben folgendes Bild:

Von den 39 962 Mark Glasschäden, die in der RBG bis zum 15.5.1977 registriert wurden entstanden 13 000 Mark in den alten Schulgebäuden, der Rest im Neubau.

Zusätzlich zu diesen Glasschäden, die nicht aus Steuergeldern repariert sondern von der Versicherung bezahlt werden, mußten aus Steuermitteln Bauunterhaltungskosten – entstanden durch Beschädigung – in Höhe von 24 000 Mark bezahlt werden. Dabei handelt es sich um 20 zerschlagene Innentüren, zahlreiche zerstörte Leuchtenabdeckungen, beschädigte Sonnenschutzvorhänge in den Klassen, rund 20 demolierte Klassenschränke und viele zerbrochene Stühle.

In einer Stellungnahme begründete Stadtrat Dr. Buerstedde die unterschiedliche Schadensquote an den Schulen mit einem Hinweis auf den Ganztagsschulbetrieb in der RBG, der gezwungenermaßen zu größeren Sachbeschädigungen führe, als der Halbtagsbetrieb in anderen Schulen.

Außerdem seien die Zahlen auch insofern irreführend, als Schäden in diesem Jahr mit repariert und daher aufgeführt worden seien, die bereits einige Jahre zurückliegen. Dasselbe gelte für das Scharnhorstgymnasium.

Die Stadtverwaltung habe deshalb die Schulen mit besonders hoher Schadensquote gezielt angesprochen und eine verschärfte Aufsicht gefordert. Außerdem sollten Regressansprüche gegen Schüler geltend gemacht werden.

Schließlich wolle der Schulträger die „Verwendung von Glas in den Schulen überprüfen und hier Korrekturen – notfalls auch auf Kosten der Schönheit – durchführen lassen".

© Hildesheimer Allgemeine Zeitung, 23.8.1977

2007: Der Deutsche Schulpreis geht an die Robert-Bosch-Gesamtschule

In ihrer Laudatio auf die Robert-Bosch-Gesamtschule stellte die Jury des Deutschen Schulpreises 2007 fest:

„Die Robert-Bosch-Gesamtschule besticht durch herausragende Qualitäten auf den wesentlichen Feldern. Das pädagogische Klima ist beeindruckend. Die Schule ist sehr groß, und doch fühlen Schüler und Lehrer sich zu Hause. Jeder spürt: ‚Auf mich kommt es an.'

Bei der Ausgestaltung als Ganztagsschule setzt die Robert-Bosch-Gesamtschule Maßstäbe. Vormittag und Nachmittag, Unterricht und Projekte, Breiten- und Spitzenförderung, Eltern, Lehrer und außerschulische Experten, Wettbewerbe, Feste und öffentliche Aktionen sind hier in einer wohldurchdachten Choreografie aufeinander abgestimmt. Schülerinnen und Schüler erreichen allgemein hohe exzellente Leistungen, besonders aber in Biologie, wo preisgekrönte Schülerforschung und praktische Umweltverantwortung Hand in Hand gehen. Durch ein beispielgebendes Betriebsmanagement, durch demokratische Führung und kontinuierliche Qualitätskontrolle hat sich die Schule aus einer schweren Krise befreit. Heute übersteigen die Bewerbungen die vorhandenen Schülerplätze bei weitem, und das in einem hochkonkurrenten Feld angesehener privater Gymnasien.

Zukunftsweisend als pädagogisches Unternehmen mit einer auch für sehr gute Schulen ungewöhnlichen Entwicklungsdynamik, bietet die Robert-Bosch-Gesamtschule ihren Kindern und Jugendlichen bestmögliche Chancen für eine zukunftsfeste Bildung."

sen, und der sich bewusst als Alternative zum herkömmlichen Schulwesen begreifenden Robert-Bosch-Gesamtschule blies der Wind gleich mehrfach ins Gesicht. Die Schule war von diesen neuen Mehrheiten nicht mehr gewollt. Eine breite Öffentlichkeit unterstützte diesen gegen die Schule gerichteten Kurs offensiv. Die Presse delektierte sich beispielsweise an Themen wie „Vandalismus in der Gesamtschule".

Hinzu kam jedoch auch, dass eine Reihe von internen Vorgängen wenig geeignet war, das Vertrauen der Menschen in diese Schule wieder zurückzugewinnen. Die neue Schule mit ihrem jungen und überaus – auch politisch – engagierten Kollegium war geprägt durch eine ausgiebige Diskussionskultur. Fast alles wurde infrage gestellt und die Räder wurden regelmäßig neu erfunden. Einige Lehrerinnen und Lehrer der Schule profilierten sich in der provinziellen Szene von Stadt und Landkreis eher links bis ganz links. Einem Streit mit dem Schulträger wurde erst recht nicht aus dem Weg gegangen. Insofern gab es einen Graben zwischen Schule und schulischem Umfeld.

Dieser Graben wurde dann noch tiefer, als im Jahr 1982 ein neuer Schulleiter eingesetzt wurde. Das Kollegium hatte sich für einen anderen Bewerber ausgesprochen und das anfängliche Misstrauen gegenüber dem Neuen vergrößerte sich, je mehr Fehler dieser machte. In der Gesamtkonferenz wurde sogar ein Misstrauensantrag gegen diesen Schulleiter gestellt und verabschiedet. Die lokale Presse griff dies natürlich auf und das Bild von einer „Schule im Chaos" wurde weiter verfestigt.

Um die Mitte der 80er Jahre sah es so aus, als würde die Schule nur noch wenige Jahre existieren.

Aufbruch im Kollegium und erste Reformen

In dieser Phase gab es jedoch eine erstaunliche Wende. Anstatt sich zunächst im Inneren und dann auch tatsächlich von dieser Schule zu verabschieden, begann eine ganze Reihe von Kolleginnen und Kollegen ihre pädagogische Arbeit zu intensivieren. Dies taten sie ohne Aufforderung oder Anleitung von oben. Freiarbeit und Wochenplanarbeit wurden in einem ersten Jahrgang eingeführt; in der Oberstufe wurden die ersten fächerübergreifenden Projekte und neue Formen der pädagogischen Zusammenarbeit etwa der Fächer Kunst und Deutsch oder Biologie und Politik gestartet. Hinzu kam, dass der Bereich der Umweltbildung sich deutlich als Schwerpunkt der Schule akzentuierte. Ein „Ostseeprojekt" und eine „Sommerschule" wurden begonnen. Auch gab es Bestrebungen, in der gymnasialen Oberstufe allgemeine und berufliche Bildung miteinander zu verbinden. So wurden erste Verhandlungen mit dem Schulträger zur Schaffung eines dualen Ausbildungsganges zum „Umweltassistenten" geführt. Diese Beispiele stehen für einen Aufbruch aus der Lethargie, bei dem es auf der einen Seite offensichtlich eine glückliche Fügung war, dass sich so viele Kolleginnen und Kollegen mit „ihrer" Schule identifizierten, und bei dem auf der anderen Seite pädagogisches Können, bestehende und starke Teamstrukturen und die durch die Auseinandersetzung mit dem Umfeld offensichtlich gewachsene Gruppenbindung eine wichtige Rolle spielten. Auch hatte sich das Kollegium trotz der fehlenden Anerkennung von außen untereinander als stark und autonom erlebt.

In der Folge dieses Aufbruchs entstanden eine bunte Vielzahl von Projekten und Aktivitäten. Die Schule blühte aus sich selbst heraus auf: Im Bereich der gymnasialen Oberstufe

Die RBG ist auf dem Weg zum Fachgymnasium Umwelttechnik

Schulversuch beginnt im Herbst / Praktikumsplätze gesucht

(me) Die Robert-Bosch-Gesamtschule will in ihrer Oberstufe einen neuen Schwerpunkt Umwelt-Technik setzen. Dies sei ein erster Schritt zum angestrebten „Fachgymnasium Umwelttechnik", sagt Schulleiter Jürgen Volpert. Das Angebot soll vom nächsten Schuljahr an laufen, vorausgesetzt, es finden sich genügend Praktikumsplätze in Betrieben.

Der Versuch mußte sich zunächst in der Schule durchsetzen. Insgesamt standen sechs verschiedene Schwerpunkte zur Debatte, darunter Europa und Hauswirtschaft. Letztlich setzte sich aber die Umwelttechnik durch, „weil es einfach ein Thema ist, das die Zeit förmlich aufdrängt", meint Volpert. Die Konzeption, an der maßgeblich die Fachlehrer Christoph Adamski und Wilfried Kretschmer mitarbeiten, überzeugte. Mittlerweile hat die Gesamtkonferenz mit großer Einmütigkeit den Modellversuch beschlossen.

Auch Stadtdirektor Walter Hoffmann, dem jetzt das Modell vorgestellt wurde, ist angetan. Er werde sich bei den in Frage kommenden Firmen für die nötigen Praktikumsplätze einsetzen, sagte er den RBG-Vertretern zu. „Und wenn erst einmal der Technologie-Park fertig ist, sind auch im Technologiezentrum genügend Räume für ein größeres Fachgymnasium frei."

Doch das ist noch Zukunftsmusik, denn dieses Fachgymnasium müßte erst vom Kultusministerium genehmigt werden. Das jetzt beschlossene Modell bewegt sich noch im Rahmen der gesetzlichen Möglichkeiten der Sekundarstufe II.

„Wir wollen die fächerübergreifende Integration aus der Sekundarstufe I auf die Sek II übertragen", erläutert Kretschmer. Die Schüler wählen künftig Biologie und Gemeinschaftskunde als Leistungsfächer, dazu Chemie und Physik und Deutsch oder eine Fremdsprache.

Die Themenangebote sollen dann in mehreren Fächern auftauchen. Beispiel: In Biologie wird über die Anreicherung von Giftstoffen in der Nahrungskette gesprochen. In Gemeinschaftskunde findet das Thema seine Ergänzung in der Frage, wie es dazu kommen konnte und wie dem politisch entgegengewirkt werden kann.

„Ganz wesentlich ist der Praxisbezug", betont Adamski. Jeweils am Ende eines Halbjahres (Semesters) müssen die Schüler drei Wochen in einem Betrieb Augen und Ohren offen halten. In Frage kommen zahlreiche Firmen, etwa aus dem Technologiezentrum, aber auch das Wasserwirtschaftsamt, die Kläranlage oder ähnliche Einrichtungen.

„Davon gibt es in Hildesheim recht viele", meint Kretschmer, der die Stadt als ein umwelttechnologisches Zentrum im Entstehen sieht. Das schaffe Standortvorteile für das Fachgymnasium. Die ersten 15 Praktikumsplätze, so Volpert, werden Anfang 1991 benötigt.

Die drei Lehrer betonen, daß sich die RBG für dieses Modell angeboten habe, weil traditionell das Fach Biologie einen Schwerpunkt bilde. „Das macht Mut, wenn der Versuch kann nur klappen, wenn er den Bedürfnissen und Interessen der Schüler entgegenkommt", sagt der Schulleiter. Er betont, daß das neue Angebot den bisher bestehenden Unterricht nur ergänze.

Mit dem Versuch, berufliche und allgemeine Bildung an konkreten Aufgaben zu verbinden, wollen die RBG-Lehrer auch einem gesellschaftspolitischen Anspruch gerecht werden. „Wir sind sicher, daß mit dieser Ausbildung die Schüler einen besseren Start ins Berufsleben haben."

© Hildesheimer Allgemeine Zeitung, 17.3.1990

wurden Modelle fächerübergreifenden Arbeitens entwickelt. „Wasser lokal – Wasser global" war ein Thema, bei dem zwölf Leistungskurse des 12. und 13. Jahrgangs für mehr als ein Jahr zusammenarbeiteten. Zusätzlich wurden Fachpraktika für den 12. Jahrgang eingeführt und es wurde eine Facharbeit als neue Form der Schülerleistung in den Lehrplan implementiert. Im Bereich der Sekundarstufe I wiederum wurde Wochenplan- und Freiarbeit als neue Form der Tagesgestaltung entwickelt. Dies breitete sich dann auf weitere Bereiche der Schule aus. Im Zuge dieses Innovationsprozesses entstanden Lernwerkstätten und Lerncenter. Andere Bereiche der Schule folgten ebenfalls und wagten

den pädagogischen Aufbruch. Und nach und nach verbesserte sich auch die Attraktivität und Akzeptanz der Schule. Am Ende der 80er Jahre gab es erste Resultate dieser Arbeit auch bei den Anmeldezahlen. Der nächste Schulleiter, der 1990 diesmal mit Zustimmung des Kollegiums ins Amt kam, führte die Schule dann auch emotional zusammen und setzte mit seiner starken Hinwendung zum Umfeld viele positive Akzente. Das Ansehen der Schule stieg kontinuierlich. Ein erster Höhepunkt war erreicht, als die Schule gegen die Konkurrenz aller anderen weiterführenden Schulen des Raumes Hildesheim als Modellschule zur Präsentation des deutschen Bildungswesens auf der Weltausstellung EXPO 2000 in Hannover nominiert wurde.

In dieser Zeit begannen im Kollegium aber auch die ersten selbstkritischen Betrachtungen bezüglich der eigenen Arbeit. Die Aktivitäten der Schule im Zusammenhang mit der EXPO 2000 und deren Reflexion aus den Jahren 2000 und 2001 haben dann zu einer Diskussion über eine stärkere Verankerung des Projektlernens im Fachunterricht geführt. Hinzu kamen Überlegungen, den bislang noch recht konventionellen Lehrplan der Schule grundsätzlich zu modernisieren, um – angebunden an die Inhalte der Fächer und in dieser Reihenfolge – fächerübergreifendes Arbeiten, Methodenaspekte und das besondere Profil unserer UNESCO-Schule stärker deutlich zu machen; in unserer gymnasialen Oberstufe war zu diesem Zeitpunkt bereits ein beispielhaftes Modell des fächerübergreifenden Arbeitens entwickelt und zum pädagogischen Schwerpunkt der Kursstufe ausgebaut worden.

Die Arbeitsplatzuntersuchung (APU) im Jahr 2001 machte deutlich, dass das Kollegium in erster Linie die stärkere Akzentuierung eines allgemeinen und tragenden „pädagogischen Konsenses" wünschte. Die Diskussion im Rahmen der

Methodenlernen – Neues Curriculum, veränderte Organisation

Nach vier Jahren Methoden-Training in der Sekundarstufe I und II galt es, das Konzept der Realschule Enger, das bislang Grundlage für die Organisation und die Planung der Methodentage war, auf der Basis der eigenen Erfahrungen zu würdigen und gleichzeitig kritisch zu hinterfragen. Unbestritten ist, dass es ohne dieses Curriculum, die detaillierten Vorschläge zur Durchführung der Methodentage sowie die Auswahl an Materialien kaum möglich gewesen wäre, innerhalb so kurzer Zeit ein für alle Jahrgänge der Sekundarstufe I verbindliches Methoden-Training einzuführen. Im Verlauf der letzten vier Jahre haben wir jedoch auch Schwachpunkte ausgemacht. Dazu zählt zum einen, dass die Auswahl und Anordnung der Bausteine des Enger-Curriculums nicht den Erfordernissen einer integrierten Gesamtschule und Ganztagsschule entsprechen. Zum anderen stellt die methodische Aufbereitung der Inhalte, die kaum selbsttätige Erarbeitung und kooperatives Lernen zulässt, zunehmend ein Problem dar. Aber auch in organisatorischer Hinsicht gab es beispielsweise bei der „Tradierung" erhebliche Reibungsverluste.

Auf der am 15. April 2007 stattgefundenen Klausurtagung, an der Vertreter aller Jahrgänge der Sekundarstufe I, der Fachbereiche Fremdsprachen und Gesellschaft, der Arbeitsgruppe „Moderner Lehrplan" (vgl. S. 30) sowie ein Vertreter der Sekundarstufe II teilnahmen, erfolgte daher eine Bestandsaufnahme der bisher in den Jahrgängen 5 bis 10 erarbeiteten Lern- und Arbeitstechniken, und es wurde sowohl auf inhaltlicher als auch auf organisatorischer Ebene Bilanz gezogen. Zudem wurde über die Erstellung eines Kompetenzstufenmodells für das Methodenlernen diskutiert, denn es erscheint sinnvoll, zukünftig neben den zu erwerbenden Fachkompetenzen auch die Methodenkompetenzen explizit auszuweisen.

Auf der Ebene des Curriculums steht im Vordergrund, die Auswahl und Anordnung der von Enger vorgeschlagenen Bausteine zu überarbeiten. Zentrale Frage ist, ob das Enger-Curriculum für uns angemessen ist und ob es mit dem von uns modernisierten Lehrplan korrespondiert.

Ein Ergebnis der Klausurtagung ist die Straffung des bestehenden Methodencurriculums, um eine Addition weiterer Elemente zu vermeiden. Dadurch entstandene Freiräume werden durch ausgewählte Aspekte aus dem Bereich „Kooperation und Kommunikation" gefüllt. Eine entscheidende Aufgabe wird zukünftig darin

bestehen, die bereits existierenden Methoden-Bausteine methodisch so umzugestalten, dass unter der Berücksichtigung einer Vielfalt von Arbeits- und Sozialformen viele Möglichkeiten zur Zusammenarbeit und zum gegenseitigen Austausch entstehen. Neben dieser Veränderung sind einzelne Methoden bestimmten Fächern zur Erarbeitung zugeordnet worden.

Aus diesen Überlegungen ergibt sich das in der nebenstehenden Tabelle abgebildete, ab dem Schuljahr 2005/2006 für alle Jahrgänge verbindliche Methoden-Curriculum.

Neben inhaltlichen Aspekten wurden auf dieser Klausurtagung auf der Ebene der Umsetzung Fragen hinsichtlich der allgemeinen Organisation und Koordination des Methoden-Trainings in der Sekundarstufe I diskutiert. Ergebnis der Debatte sind folgende Veränderungen:

▸ Die Erarbeitung von Lern- und Arbeitstechniken sowie Formen von Kooperation und Kommunikation erfolgt ab dem Schuljahr 2005/2006 nicht mehr ausschließlich an Methodentagen. Ausgewählte Aspekte werden zukünftig fachgebunden unterrichtet. Grund hierfür sind inhaltliche Schwerpunkte der Fächer, die eine explizite Verknüpfung mit methodischen Aspekten sinnvoll erscheinen lassen. Der Baustein „Referat" ist an das Fach Deutsch gebunden, „Informationsbeschaffung" wird in den Fächern Deutsch und Gesellschaftskunde erarbeitet und „Kooperation I" ist angebunden an das Fach Gesellschaftslehre.

▸ Sowohl die Methodentage als auch die fachgebundene Erarbeitung werden weiterhin überwiegend in Doppelbesetzung durchgeführt. Bausteine, die fachgebunden eingeführt werden, werden jeweils von einem Fachlehrer und einem Stammgruppenleiter betreut.

▸ Bis auf ausgewiesene Themenschwerpunkte (Beispiel „Notizen") wird auch in Zukunft ein ganzer Schulvormittag für die Erarbeitung der Bausteine zur Verfügung stehen.

▸ Die Zuständigkeit für die Bausteine wird von den Jahrgängen abgekoppelt. Für die einzelnen Themenschwerpunkte werden jeweils „Paten" gesucht, die zukünftig sowohl für die Erarbeitung als auch für die Überarbeitung, die „Pflege", der Bausteine zuständig sind. Diese Pflege impliziert sowohl die stetige Revision als auch die Erweiterung des Bausteins im Hinblick auf Anwendungsmöglichkeiten im Fachunterricht. Die Paten werden von den Jahrgangsteams zur Einführung in die Ziele und die metho-

	Erste volle Schulwoche	September	Erste Woche vor den Herbstferien	Erste Woche nach den Herbstferien	November	Anfang Februar	Letzte Woche vor den Osterferien	Mai
9. Klasse						Informationsbeschaffung II *Fachgebunden: Deutsch Gesellschaft*		Einüben in **Projektarbeit** *(Vor- und Nachbereitung*
8. Klasse		**Zeitplanung** Paten: Binsteiner, Glöde		**Referat** *Fachgebunden: Deutsch*		**Präsentationstechniken** Paten: Kohrs, Henkel		
7. Klasse		**Notizen** *3 Schulstunden* Patin: Sporkenbach			**Visualisierungstechniken** Patin: Gragert	**Kooperation II: Evaluation GA Selbstevaluation**		**Mind Mapping II**
6. Klasse		**Lesetechniken/Markieren und Strukturieren** *(nach der Klassenfahrt)*			**Klassenarbeiten/ Schulaufgaben** Stammgruppenleitung	**Visualisierung und Plakatgestaltung** Paten: Höllings, Henkel	**Kommunikationstechniken: Aktives Zuhören, Feedback geben** *(Ergänzung zum Konflikttraining)*	**Informationsbeschaffung**
5. Klasse	**Ordnung/Checklisten** Patin: Gragert	**Schulaufgaben, Einführung in den Wochenplan** Stammgruppenleitungen	**Kooperationstechniken** *Fachgebunden: Gesellschaft*	**Arbeit mit Nachschlagewerken** Pate: Henkel		**Visualisierung und Plakatgestaltung** Paten: Höllings, Henkel	**Brainstorming/Cluster/ Mind Mapping I**	

dische Gestaltung eines Bausteins eingeladen. Sie sind somit für die Einführung des jeweiligen Jahrgangsteams (vgl. S. 23) in einen bestimmten Themenschwerpunkt zuständig. Zudem sind die Paten dafür verantwortlich, die benötigten Materialien bereitzustellen. Das jeweilige Jahrgangsteam führt den Methodentag dann wie vorgeschlagen durch. Zu der sich anschließenden Reflexionssitzung werden wiederum die Paten eingeladen, die ihren Baustein auf der Grundlage der Kritik überarbeiten.

Die Veränderung des Curriculums unter besonderer Berücksichtigung der Bedürfnisse der Schülerinnen und Schüler sowie der Anforderungen der Schule, die Anbindung einzelner Bausteine an den Fachunterricht sowie die Anknüpfung einzelner Inhalte an wiederkehrende Projekte ist ein wesentlicher Schritt in Richtung Integration des bislang additiven Methoden-Trainings in den Unterrichtsalltag.

Hinsichtlich der Organisation ist die Idee der Abkoppelung der Erarbeitung und Pflege der Bausteine von den Jahrgängen von besonderer Bedeutung, weil die Übertragung der Verantwortung für einen Baustein an die sogenannten Paten mehr Innovation, Flexibilität und Verbindlichkeit verspricht.

Mit den Ergebnissen dieser Klausurtagung ist es der Robert-Bosch-Gesamtschule gelungen, sich inhaltlich, methodisch und organisatorisch von der Ratgeberliteratur zu distanzieren und ein schuleigenes Programm mit den Schwerpunkten Lernmethoden, Kommunikation und Kooperation zu entwickeln.

Christina Sackmann
(wissenschaftliche Mitarbeiterin, Universität Hildesheim)

Entwicklung einer „Profiloberstufe" ebenfalls in den Jahren 2001/2002 führte zur Thematisierung einer möglichen strukturellen Umorganisation der Jahrgangsstufe 9/10 hinsichtlich deutlicherer Orientierung am weiteren Bildungs- bzw. Ausbildungsweg der Jugendlichen. Im Jahr 2002 wurde im 11. Jahrgang beispielhaft mit dem „Methodenlernen" begonnen.

Immer wieder wurde dann aus dem Kollegium heraus auch die Notwendigkeit einer „Veränderung der Unterrichtskultur" betont. Im 5. Jahrgang hatten sich zunächst und sozusagen als „Pilotprojekt" zwei Hospitationsringe konstituiert. Es begann mit je vier Kolleginnen und Kollegen; einmal im Fach Mathematik, das andere Mal fachunabhängig. Inzwischen gibt es flächendeckend und jedes Jahr thematisch anders ausgerichtete Hospitationswochen. Die „Verbesserung der Unterrichtsqualität" stand und steht auch weiterhin im Mittelpunkt des Entwicklungsprozesses der Schule.

Hinzu kam: Die PISA-Studien ab dem Jahr 2003 machten im internationalen Vergleich die bildungspolitische wie pädagogische Überlegenheit von integrierten Systemen deutlich. Hiermit verbunden ist auch eine die Vielfalt betonende Unterrichtskultur. Dieser, so die Meinung auch bei uns im Kollegium, komme die herausragende Bedeutung bei der Gestaltung einer „guten" Schule zu. Schulentwicklung sei in erster Linie Unterrichtsentwicklung.

Zusätzlich zu diesen eigenständig entwickelten Vorstellungen wurde das Kollegium der Robert-Bosch-Gesamtschule natürlich auch mit einer Vielzahl von Reformbemühungen „von oben" konfrontiert. Diese Initiativen wurden zunächst wohlwollend vom innovationsbereiten Kollegium der Schule aufgenommen. So sprach sich die Gesamtkonferenz mit großer Mehrheit dafür aus, im „Qualitätsnetzwerk niedersächsischer Schulen" mitzuarbeiten. Auf die mögliche und geplante Einführung einer „Profiloberstufe" hat sich die Schule intensiv und über einen langen Zeitraum vorbereitet.

Bei der Diskussion der „Selbstständigen Schule" (2002) zeigte sich jedoch, dass das Kollegium nur bedingt bereit war, von außen kommende Reformimpulse jeweils ohne Weiteres zu übernehmen. Vielmehr wird zunehmend – und aus unserer Sicht auch berechtigt – hinterfragt, ob und inwiefern extern entwickelte Reformvorhaben den eigenen und eigenständig konzipier-

ten Reformprozess konkret fördern können. Der Fortschritt, so die einhellige Meinung in unserer Schule, muss von denjenigen, die die Schule machen, gewollt und getragen sein.

Strategischer Meilenstein: Entwicklung eines „Masterplans" zukünftiger Reformen

In den Jahren seit ihrer Gründung gab es in der Robert-Bosch-Gesamtschule eher ein Zuviel statt ein Zuwenig an Neuerungen. Immer schon war die Schule geprägt durch vielfältige Innovationsbestrebungen. Diese waren jedoch oftmals divergierend und nur selten aufeinander abgestimmt. Eine Klausurtagung der Jahrgangs- und Fachbereichsleitungen gemeinsam mit der Kollegialen Schulleitung im Jahr 2002 in der nahegelegenen Heimvolkshochschule Hustedt sollte – nach einer Bestandsaufnahme der Stärken und Schwächen – vor allem Klarheit und Orientierung bezüglich der in den nächsten Jahren anzupackenden Aufgaben vermitteln. Zudem war es die erklärte Absicht des neuen Schulleiters, die Schule in Zukunft noch mehr gemeinsam mit dem in Hustedt versammelten „mittleren Management" zu leiten. Ferner wurde der Anspruch der Schulleitung hinsichtlich einer erweiterten Leitungsverantwortung an die Jahrgangs- und Fachbereichsleitungen artikuliert: Die Jahrgangsleitungen sollten sich in Zukunft mehr als in der Vergangenheit als „kleine Schulleitungen" mit einem erweiterten pädagogischen und in die Fachlichkeit hineinreichenden Wirkungsfeld begreifen. Die Fachbereichsleitungen sollten in Zukunft mehr Qualitätsverantwortung auch für den eigentlichen Unterrichtsprozess übernehmen.

Die Erörterungen in Hustedt 2002 führten dann im Ergebnis zu einem „Masterplan der Entwicklung der Robert-Bosch-Gesamtschu-

Das Schulentwicklungsprogramm der Robert-Bosch-Gesamtschule

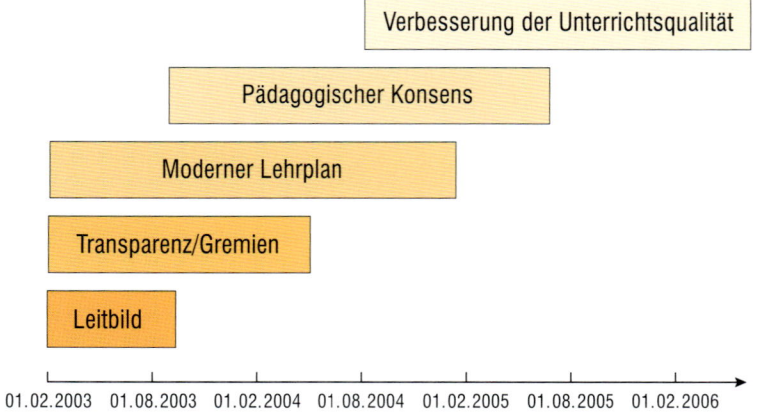

Verbesserung der Unterrichtsqualität

Pädagogischer Konsens

Moderner Lehrplan

Transparenz/Gremien

Leitbild

01.02.2003 01.08.2003 01.02.2004 01.08.2004 01.02.2005 01.08.2005 01.02.2006

le". In diesem werden fünf zeitlich aufeinander aufbauende Handlungsfelder einer zukünftigen Entwicklung der Schule dargestellt. In diesen Bereichen sollte sich – so die Idee des mittleren Managements und dann auch der Gesamtkonferenz – die Schule in den nächsten Jahren hauptsächlich entwickeln.

Als wichtigste Arbeitsfelder für die nächsten Jahre wurde in Hustedt vorgeschlagen, im Sinne einer Fortsetzung unseres eigenständigen Entwicklungsprozesses die folgenden Handlungsfelder jeweils schwerpunktmäßig in zeitlich abgestuften Abschnitten in Angriff zu nehmen:

▶ *Leitbild der Schule* (als Prozess der Konsensbildung und als Voraussetzung für didaktische und pädagogische Entscheidungen)
▶ *Transparenz von Strukturen und Entscheidungen* (im Sinne der Erörterung der Frage, ob und in welcher Weise die vorhandenen schulischen Gremien den an sie gestellten Anforderungen gerecht werden)
▶ *Erstellung eines „modernen Lehrplans"* (Revision der Inhalte, Methodenlernen, UNESCO-Arbeit, fächerübergreifendes Arbeiten)
▶ Abstimmung bezüglich der Verfahren der Erstellung eines *„Pädagogischen Konsenses"* (im Sinne von „Schulverträgen" orientiert am Leitbild und mit altersgemäßer Akzentuierung)
▶ *Verbesserung der Unterrichtsqualität* im Fachunterricht (z. B. Hospitationsringe, bessere Lehr- und Lernmethoden, Umsetzung des modernen Lehrplans und des Leitbildes)

Die Gesamtkonferenz der Robert-Bosch-Gesamtschule billigte dieses Programm im Jahr 2003 mit sehr großer Mehrheit und definierte für sich selbst dadurch den Arbeitsauftrag der zukünftigen Entwicklung der Hildesheimer Gesamtschule.

Die Voraussetzungen zur Umsetzung des Masterplans werden geschaffen

Dieser von der Gesamtkonferenz beschlossene Masterplan wurde dann in externen und internen Fortbildungsveranstaltungen des Kollegiums weiter entwickelt, präzisiert und Schritt für Schritt praktisch umgesetzt. Als zeitlich vorrangiges Vorhaben kristallisierte sich dabei das Handlungsfeld „Transparenz von Strukturen und Entscheidungen" heraus. Hier stellte sich die Frage, ob und inwiefern unsere herkömmlichen Gremien den in sie gesetzten Erwartungen entsprechen können oder ob gegebenenfalls andere Gremienstrukturen (Steuergruppen) notwendig sein könnten. Der Ablauf der Gesamtkonferenzen wurde verändert, die Beratungsfolge von Entscheidungen wurde mehrschrittiger und transparenter gestaltet, es werden jetzt häufiger temporäre Arbeitsgruppen eingerichtet und die Gesamtkonferenzen beschäftigen sich nicht mehr mit Fragen des Details.

Schon bald zeigte sich, dass neben der Konzeptionalisierung vor allem bei der Frage der Verwirklichung der beschlossenen Konzepte eine weitere und besondere Schwierigkeit des Innovationsprozesses besteht. Es wurde klar, dass die große Schule in noch kleinere Einheiten umgestaltet werden müsste, um besser ihren Aufgaben gerecht werden zu können. Auch erschien uns der operative Abstand zwischen Kollegialer Schulleitung und unterrichtender Lehrkraft als zu groß. Und nicht zuletzt wurde deutlich, dass die Verantwortlichkeiten zwischen Schulleitung, Fachbereichsleitungen und Jahrgangsleitungen nicht vollständig klar geregelt waren.

Als Ergebnis all dieser Erfahrungen und Beobachtungen haben Lehrkräfte, Eltern und Schüler zunächst ein gemeinsames Leitbild für die Schule entwickelt (siehe rechts). Inzwischen (November 2008) wurde auch die Arbeit in den Handlungsfeldern „Pädagogischer Konsens", „Moderner Lehrplan" und „Verbesserung der Unterrichtsqualität" – was die Konzeptionen anbelangt – abgeschlossen. Diese konzeptionelle Arbeiten wurden von freiwilligen und kollegial besetzten „Redaktionsgruppen" mit jeweiliger Beteiligung eines Schulleitungsmitgliedes durchgeführt. Zwischenschritte der Konzeptentwicklung wurden der Gesamtkonferenz jeweils nach Stand der Dinge und zeitnah bekannt gegeben. Letzte Entscheidungen wurden von der Gesamtkonferenz getroffen.Wenn man so will, haben wir auf diese Weise zunächst den Orientierungsrahmen (das Leitbild) und die Werkzeuge (die Gremienstruktur, siehe S. 29) unserer eigentlichen Schulentwicklung als Arbeitsvoraussetzungen hergestellt.

Weitere Reformschritte: Pädagogischer Konsens, Moderner Lehrplan, Jahresarbeitspläne und flächendeckende gegenseitige Unterrichtsbesuche

Bei unseren weiteren Reformschritten sind wir etwa in dieser Reihenfolge vorgegangen:

Zunächst haben wir für die drei Jahrgangsstufen der Schule jeweils abgestimmte Verfahren zur Herstellung von verbindlichen pädagogischen Vereinbarungen („Pädagogischer Konsens") zwischen Eltern, Schülerinnen und Schülern und Lehrkräften diskutiert und beschlossen; dies orientierte sich am Leitbild, beließ aber gleichwohl auch Freiräume für die jeweiligen Jahrgänge. Dann modernisierten wir unseren Lehrplan vollständig. Und schufen dabei mit den Jahresarbeitsplänen und der verbindlichen Form ihrer jährlichen Revision und Veränderung zusätzlich neue Formen der Zusammenarbeit

Das Leitbild der Robert-Bosch-Gesamtschule

Die Robert-Bosch-Gesamtschule in Hildesheim ist eine integrierte Gesamtschule mit gymnasialer Oberstufe – eine Schule für alle Begabungen.

Die Robert-Bosch-Gesamtschule ist eine UNESCO-Projektschule. Ziel der Schule ist die Sicherung der Menschenrechte und des Friedens sowie die Erziehung zur Völkerverständigung und zum verantwortungsvollen Umgang mit der natürlichen Umwelt. Die Befähigung, an der demokratischen Gesellschaft teilzuhaben, ist elementares Ziel unserer Arbeit.

Wir wollen den Schülerinnen und Schülern Wissen, Fertigkeiten und Kompetenzen vermitteln, die sie befähigen, ihr Leben verantwortungsvoll und selbstbestimmt zu gestalten. Um dies zu erreichen, verpflichten wir uns zur Einhaltung nachfolgender Grundsätze.

Selbstständigkeit umfasst für uns folgende Fähigkeiten: selbstbewusst eigene Wünsche und Vorstellungen entwickeln, argumentativ überzeugen, notwendige Mittel und Wege zur Umsetzung von Vorhaben erschließen und dabei auf andere eingehen und Rücksicht nehmen.

Fördern von Leistung und Fordern von Leistungsbereitschaft: Um Chancengleichheit zu ermöglichen, verpflichten sich die Lehrerinnen und Lehrer, das Leistungsvermögen aller Schülerinnen und Schüler zu fördern. Dazu gehört eine anregende Lernumgebung. Im Gegenzug fordert die Schule Leistungsbereitschaft von ihren Schülerinnen und Schülern. Wir erwarten, dass mit zunehmender Selbstständigkeit Stärken aus- und Schwächen abgebaut werden.

Selbstständiger Wissenserwerb wird durch systematisches Einüben vielfältiger Arbeitstechniken erreicht. Die Lehrkräfte sehen es dabei als ihre Aufgabe an, neben der Wissensvermittlung zu moderieren, Prozesse zu steuern und die Freude am Lernen zu vermitteln und zu erhalten. Von den Schülerinnen und Schülern erwarten wir die Bereitschaft, aktiv ihre Lernprozesse mitzugestalten.

Lernen mit allen Sinnen bedeutet für uns, dass das Lernen mit „Kopf, Herz und Hand" in Projekten und handlungsorientiertem Unterricht verwirklicht wird, der die Freude am Lernen fördert.

Die Robert-Bosch-Gesamtschule (Schulgebäude und Schulgarten). Fassade und Skulptur wurden von Schülern gestaltet

Soziale Kompetenz: Als Mitglieder der Schulgemeinschaft verpflichten wir uns zu Toleranz, Hilfsbereitschaft und Respekt vor anderen und dem Schutz der Schwächeren. Die Schülerinnen und Schüler erfahren den achtungsvollen Umgang mit unterschiedlichen Persönlichkeiten und lernen Möglichkeiten der Konfliktlösung kennen, die für beide Seiten akzeptabel sind. Als Ganztagsschule können wir mit vielseitiger Projekt- und Gruppenarbeit die Teamfähigkeit unserer Schülerinnen und Schüler fördern. Das geschieht im Unterricht und in der vielfältigen Gestaltung des Schullebens.

Schule als Lebensraum: Die Robert-Bosch-Gesamtschule bietet als Ganztagsschule einen umfassenden Lern- und Lebensraum, in dem für unterschiedliche Handlungsfelder Verantwortung übernommen wird. Dazu gehört auch die Anleitung zu sinnvoller Freizeitgestaltung. Schülerschaft und Kollegium sind gemeinsam für ein sauberes und ansprechendes Schulgebäude verantwortlich.

Mitarbeit von Eltern und außerschulischen Partnern: Die Robert-Bosch-Gesamtschule legt großen Wert auf den kritischen Dialog und die konstruktive Zusammenarbeit mit Eltern und Partnern. Die Elternschaft wirkt an der Gestaltung des Ganztagsbereiches und des Schullebens mit. Die Schule öffnet sich den Vorstellungen und Interessen der Elternschaft – umgekehrt unterstützen die Eltern die Erziehungs- und Bildungsarbeit der Schule. Die Schule arbeitet eng mit den hiesigen Bildungseinrichtungen,

kommunalen und politischen Instanzen, den Gewerkschaften, Verbänden und den Wirtschaftsunternehmen des Raumes zusammen. Aus dem Kreis dieser Institutionen gewinnt die Schule ihre „kritischen Freunde", die den Entwicklungsprozess der Schule begleiten. Die Robert-Bosch-Gesamtschule begreift sich auch als kulturelle Bereicherung des Gemeinwesens der Region. Die Gründung unserer Schule wurde 1971 erst durch die materielle und ideelle Unterstützung der Bosch GmbH und Bosch-Stiftung möglich. Wir sind der Bosch GmbH freundschaftlich verbunden und erfahren bis heute wertvolle Hilfe. Wir fühlen uns dem Lebenswerk unseres Namensgebers in besonderer Weise verpflichtet: Kinder aller Begabungen aus allen sozialen Schichten leben, lernen und arbeiten gemeinsam in der integrierten Robert-Bosch-Gesamtschule.

Lernende Organisation: Die Robert-Bosch-Gesamtschule versteht sich als „lernende Organisation", die in einem ständigen Prozess der Reflexion von Unterrichtsinhalten und Methoden sowie in kritischer Distanz zur traditionellen Lehrerrolle sich den verändernden gesellschaftlichen Anforderungen stellt. Durch Teamarbeit unterstützt sich das Kollegium in fachlicher und pädagogischer Hinsicht. Alle an der Schulgemeinschaft Beteiligten verständigen und verpflichten sich im lebendigen Dialog auf einen gemeinsamen „Pädagogischen Konsens". Interne Absprachen und Kontrollen dienen der Qualitätssicherung und -verbesserung der schulischen Arbeit.

Unterrichtskultur der Robert-Bosch-Gesamtschule: Die heterogene Sitzgruppe prägt das Lernen der Schülerinnen und Schüler (im Bild ein 6. Jahrgang)

unserer Teams. Außerdem begannen wir einen großen und systematischen Prozess der gegenseitigen kollegialen Unterrichtsbesuche (inklusive Fortbildung) mit dem Ziel der Verbesserung unserer Lehrmethoden.

Der Schwerpunkt unserer Schulentwicklung lag und liegt also ganz bewusst im Bereich der Unterrichtsentwicklung: Auf der einen (didaktischen) Seite geht es um die Absprache der Inhalte, Lernmethoden und Kompetenzen. Es geht ferner um die UNESCO-Arbeit, die an die Fächer anzubinden ist, um fächerverbindendes Arbeiten und um gemeinsame Projektthemen und Projektphasen. Aber auch das Thema der pädagogischen Freiheit sowie die Interessen der einzelnen Jahrgangsteams sind hier angesprochen.

Auf der anderen (methodischen) Seite der Unterrichtsformen geht es um die Vielfalt der Unterrichtsmethoden, das Initiieren von kooperativen Lernformen, die Professionalisierung der Lehrmethoden im Team, die Überwindung der auf Vereinzelung ausgerichteten traditionellen Lehrerrolle.

Zu diesen beiden hauptsächlichen Aktivitäten unseres Schulentwicklungsprogramms kamen und kommen noch weitere und begleitende Maßnahmen hinzu. Teilweise haben wir diese Arbeiten bereits begonnen, teilweise handelt es sich um verabredete und durch Konferenzbeschlüsse legitimierte Perspektiven:

▸ Mit dem Ziel der Schaffung einer Kontinuität unseres Entwicklungsprozesses und auch im Sinne der regelmäßigen Überprüfung der Verwirklichung und (besonders wichtig!) der Verankerung der Konzepte in die Wirklichkeit legt die Kollegiale Schulleitung der Robert-Bosch-Gesamtschule in Zukunft alle zwei Jahre ein Schulprogramm im Sinne eines Tätigkeitsberichtes, einer Leistungsbilanz und

eines Handlungsplanes der Gesamtkonferenz zur Diskussion und Verabschiedung vor.

▸ Ein Kuratorium externer Personen aus Wissenschaft, Wirtschaft und Politik berät den Schulvorstand, die Gesamtkonferenz, den Didaktisch-Pädagogischen Ausschuss als das zentrale Gremium des mittleren Managements und die Kollegiale Schulleitung.

▸ Das Schulprogramm ist im Zuge der Erörterung eines Zwischenberichtes zum bisherigen Verlauf des Handlungsfeldes „Verbesserung der Unterrichtsqualität" im Schuljahr 2008/2009 dem Kollegium sowie den Eltern und den Schülern zur Beratung und Beschlussfassung vorgelegt worden. In allen Gremien der Schule wurde jeweils mit großer Mehrheit dem Programm zugestimmt.

In dem Bewusstsein, dass der Erfolg unserer Reformarbeit auch davon abhängt, dass wir unsere Schule „kleiner machen", haben wir ein neues Stufensystem eingeführt und die Gremien dementsprechend angepasst. Die Robert-Bosch-Gesamtschule ist unterteilt in drei Schulstufen:

▸ Jahrgänge 5, 6, 7: Eingangsstufe (im Mittelpunkt steht hier die Arbeit in der heterogenen Lerngruppe; Begabungen und Interessen sollen entwickelt und entfaltet werden);

▸ Jahrgänge 8, 9, 10: Mittelstufe (Neuschneidung der Leistungsbereiche hinsichtlich stärkerer Ausrichtung auf die Berufsausbildung

einerseits und die gymnasiale Oberstufe andererseits);

▸ Jahrgänge 11, 12, 13: gymnasiale Oberstufe (Wissenschaftspropädeutik und Orientierung vermittelnde Anwendungen in Form fächerübergreifender Projekte)

Die Entwicklung eigenständigerer Schulstufen mit jeweils spezifisch akzentuiertem Profil wird durch den Entschluss der Gesamtkonferenz gefördert, dass die Jahrgangsleiterinnen und -leiter ihren Jahrgang in Zukunft für jeweils drei Jahre leiten, und zwar rotierend statt aufsteigend, sodass sie in der selben Jahrgangsstufe und im selben Schulgebäude verbleiben.

Auch die Arbeit der Kollegialen Schulleitung wurde diesem Modell angepasst. Für die neue Unterstufe wurde die Didaktische Leitung zur Stufenleitung dieser Stufe mit den Jahrgängen 5, 6 und 7 umgewidmet. Der bisherige Stufenleiter der ganzen Sekundarstufe I wurde Stufenleiter für den Bereich 8, 9 und 10. Der Schulleiter übernahm – auch im Sinne einer verstärkten Verantwortlichkeit für die Qualität des Unterrichts – die Aufgabe der Betreuung der Fachbereiche und der UNESCO-Arbeit im Sinne der bisherigen Didaktischen Leitung. Die Leitung der gymnasialen Oberstufe blieb unverändert, und sie passt in dieses Modell.

Auf allen Ebenen: Teamarbeit prägt und bestimmt die Schule

Teamarbeit bestimmt das Zusammenwirken der Kolleginnen und Kollegen in der Schule, und dies auf allen Ebenen. Diese Teams begreifen sich als Foren der gemeinsamen Planung, der Praxis und der Reflexion. Bei der Arbeit geht es um den regelmäßigen Erfahrungsaustausch genauso wie um die Planung neuer Aktivitäten und die Begleitung von deren Verwirklichung. Die Teams tagen regelmäßig und kontinuierlich. Die Arbeitsabläufe sind klar und organisiert. Die Verantwortlichkeiten sind geregelt und transparent.

Die *Kollegiale Schulleitung* arbeitet als Leitungsteam der Schule. Sie besteht aus dem Schulleiter, dem stellvertretenden Schulleiter und den drei Stufenleiterinnen und -leitern der Eingangsstufe (5., 6., 7. Jahrgang), der Mittelstufe (8., 9., 10. Jahrgang) und der gymnasialen Oberstufe (11., 12., 13. Jahrgang). Entscheidungen könnten per Mehrheitsbeschluss gefasst werden. Eine solche Form der Entscheidung gab es in den letzten fünfzehn Jahren allerdings nie. Vielmehr wird in der Regel im Konsens entschieden oder Entscheidungen werden zunächst zurückgestellt beziehungsweise für einen begrenzten Zeitraum verabschiedet. Einen Stillstand im Entscheidungsprozess muss die Schule

Mehrmals im Schuljahr treffen sich alle Lehrerinnen und Lehrer, um anstehende Fragen zu erörtern. Hier werden zum Beispiel Vorträge externer Experten gehört und über Grundsätzliches gesprochen wie die Bedeutung kooperativer Lernformen oder die Ergebnisse der Schulinspektion (oben).

Kleinere Gruppen arbeiten zu spezielleren Themen: Wie haben sich die Methodentage auf das Lernverhalten der Schüler des Jahrgangs ausgewirkt? Welchen Stellenwert sollen die Lerntagebücher in unserer Stammgruppe haben? (Mitte)

Außerdem probieren die Kolleginnen und Kollegen von den Schülern gegebenenfalls zu verlangende Lernschritte zunächst einmal in der Lehrerrunde aus, etwa eine Collage zum Thema „Gemeinsame Persönlichkeitsmerkmale" (unten).

nicht befürchten – eine wichtige Voraussetzung dafür ist jedoch das Vertrauen in der Zusammenarbeit und die generelle Bereitschaft zum Konsens. Die Schulleitung tagt einmal pro Woche jeweils ca. drei Stunden. Dazu kommen ein- bis zweimal pro Jahr ganztägige Tagungen, bei denen Themen grundsätzlicherer Art besprochen und entschieden werden.

Die *Jahrgangsteams* der Schule bestehen aus den Stammgruppenleiterinnen und -leitern eines Jahrgangs (so heißen bei uns die Klassenlehrer). Jedes Team wird geleitet von der Jahrgangsleiterin bzw. dem Jahrgangsleiter, die selbst auch Stammgruppenleiterin bzw. -leiter sind. Die Teams treffen sich regelmäßig. Die Häufigkeit ist jedoch von Jahrgang zu Jahrgang verschieden. Die meisten Jahrgangsteams treffen sich einmal wöchentlich in der Mittagspause, andere nur einmal im Monat zu einer ca. zweistündigen Sitzung. Hinzu kommen zusätzliche und regelmäßige Supervisionstagungen der meisten Jahrgangsteams. Diese Tagungen werden von einem externen Moderator geleitet und begleitet. Einzelne Teams der Jahrgänge nehmen darüber hinaus an externen Fortbildungsreihen zur Verbesserung der Unterrichtsqualität teil. Außerdem wird die inhaltliche Arbeit in den Jahrgängen seit vier Schuljahren über Jahresarbeitspläne organisiert. Dazu findet am Ende eines Schuljahres jeweils eine das nächste Schuljahr vorbereitende auswärtige Teamtagung statt (zu den Klausurtagungen siehe S. 41). Die Jahrgangsteams sind von herausragender Bedeutung für die Schule. Hier wird die eigentliche pädagogische Arbeit besprochen und organisiert. Dazu kommen viele weitere Dinge wie Projekttage, Methodentraining, Feste, Exkursionen und fächerübergreifende Aktivitäten zum Beispiel zu UNESCO-Themen. Die Jahrgangsteams sind auf Dauer in ihrem Jahrgangsgebäude untergebracht. Die Schülerinnen und Schüler werden

Teamsitzung einer Jahrgangsstufe

für je drei Jahre von einem Jahrgangsteam betreut. Danach wechseln sie in die nächste Stufe und wechseln auch das Jahrgangsgebäude. Die Jahrgangsteams selbst bleiben freiwillig meist vollständig zusammen.

Alle Kolleginnen und Kollegen gehören entsprechend ihrer Lehrbefähigung in der Regel zwei *Fachgruppenteams* unter der Leitung einer Fachbereichsleiterin oder eines Fachbereichsleiters an. Die Fachgruppenteams arbeiten an der praktischen Umsetzung und Weiterentwicklung der Fachlehrpläne. Hinzu kommen zunehmend Aufgaben aus dem Bereich der Verbesserung der Unterrichtsqualität. Viele der gegenseitigen Hospitationsringe sind aus der Zusammenarbeit im Fachgruppenteam hervorgegangen. Veränderungen der Unterrichtskultur wie kooperative Lernformen oder stärkere Kompetenzorientierung sind Arbeitsfelder der Fachgruppen. Dies gilt auch für die Evaluation von Bewertungsstandards wie für die Weiterentwicklung unserer Dokumentation der Lernentwicklung. Für die Erstellung der Jahresarbeitspläne werden von

Einweisung der Eltern
in die Schule

den Fachgruppenteams die fachbezogenen Vorarbeiten (Unterrichtseinheiten der Fächer, zwingende/nicht zwingende Abfolge der Einheiten, Abfolge der Fachmethoden) geleistet. Die Fachgruppenteams treffen sich dreimal pro Schuljahr. Hinzu kommen weitere Fachjahrgangstreffen in unregelmäßiger Folge.

Die schon seit einigen Jahren stattfindenden jährlichen Tagungen der *Funktionsstelleninhaber* („mittleres Management" oder „Funktionerteam") sind der zentrale Ort der Visionen, des Durchdenkens und des Planens unserer Schulentwicklung geworden. Hier wird jeweils das vergangene Jahr in einer kritischen Rückschau offen und reflexiv hinterfragt. Hier werden gemeinsam die Verabredungen und Ziele für das kommende Jahr festgelegt. Bei der – nach Zustimmung der Gesamtkonferenz und des Schulvorstandes – verbindlichen Umsetzung der verabredeten Ziele nehmen die Kollegiale Schulleitung und der Schulleiter dann allerdings eine mehr den Prozess überwachende bzw. unterstützende Rolle ein. Die zuständigen schulischen Gremien gestalten, begleiten und kontrollieren den Prozess. Dabei geht es um Verbindlichkeit und Einhaltung der zum Erreichen der Ziele verabredeten Maßnahmen. Aber natürlich gibt es auch den Mut zum Fehler und natürlich läuft es oft auch nicht immer ganz so, wie anfänglich gedacht. Hinzu kommt, dass sich diese Funktionsstelleninhaber und einige hinzugewählte Eltern- und Schülervertreter als „Didaktisch-Pädagogisches Gremium" auch noch während des Schuljahres jedes Quartal einmal zu einer Sitzung an einem Nachmittag treffen. Von hier aus wird der Schulentwicklungsprozess betreut und begleitet. Wichtige Vorentscheidungen werden in diesem Gremium getroffen. Dieses „Didaktisch-Pädagogische Gremium" ist die zentrale Steuerungsgruppe der Schule.

Dadurch, dass die Robert-Bosch-Gesamtschule als eine der Pilotschulen des Landes Niedersachsen am Projekt „Eigenverantwortliche Schule" teilnahm, hatten wir bei der Durchführung und Finanzierung der für unsere Entwicklungsarbeit notwendigen Treffen und Tagungen mehr Möglichkeiten als andere Schulen. Das hat uns geholfen und unseren Prozess unterstützt. Die Schule nimmt auch regelmäßig an den SEIS-Untersuchungen der Bertelsmann Stiftung teil und bezieht die Ergebnisse in ihren Entwicklungsprozess ein. Diese SEIS-Untersuchungen haben bisher zweimal stattgefunden. Ein praktisches Ergebnis der ersten Befragungsrunde ist zum Beispiel die durch die Gesamtkonferenz beschlossene flächendeckende Einführung von Schülerfeedbacks bezüglich der Qualität des jeweiligen Unterrichts (vgl. S. 53).

Eine weitere Form der kollegialen Reflexion unserer Entwicklungsarbeit findet in der Form außergewöhnlich organisierter Gesamtkonferenzen statt. Vor drei Jahren haben alle Gesamtkonferenzmitglieder mit der Methode des „World-Cafés" eine eigene Bilanz des bisherigen Schulentwicklungsprozesses erstellt und Perspektiven für die Zukunft entwickelt. Vor einem Jahr haben wir mit renommierten Erziehungswissenschaftlern eine weitere Gesamtkonferenz als „Schulentwicklungskonfe-

Ältere Schülerinnen und Schüler
betreuen jüngere als Nachhilfe-
lehrer

renz" und Erörterungsforum zum Ergebnis der flächendeckenden gegenseitigen Hospitationen durchgeführt. Kürzlich wurde eine Gesamtkonferenz als Themenkonferenz zum „kooperativen Lernen" genutzt.

Des Weiteren sollen alle zwei Jahre stattfindende *Jahresgespräche* die Arbeit des „mittleren Managements" (Jahrgangsleitungen und Fachbereichsleitungen) verbessern helfen. Eine erste und viel versprechende Runde hat bereits stattgefunden.

Nicht nur die Lehrer sollen sich als Teil eines Teams fühlen, sondern auch die *Eltern und die Schülerinnen und Schüler* selbst sollen zu einem Teil des Teams „Robert-Bosch-Gesamtschule" werden. Dass die Eltern und auch die Schülerschaft Mitspracherechte in einer Schule besitzen, ist nichts Ungewöhnliches. Auch an unserer Schule arbeiten die Eltern und die Schülerinnen und Schüler in allen „offiziellen" Gremien der Schule mit, so zum Beispiel im Schulvorstand, in den Konferenzen und Ausschüssen. Bemerkenswerter ist jedoch, dass die Elternschaft darüber hinaus in noch *weiteren* Formen der Zusammenarbeit organisiert ist. So gibt es als besondere Einrichtungen zum Beispiel einen „Essensausschuss", einen „Finanzausschuss" und einen „Seminarausschuss". Der Essensausschuss kümmert sich um den Mittagstisch in

der Ganztagsschule und strebt erfolgreich Verbesserungen an; der Finanzausschuss überprüft unter anderem die ordnungsgemäße Verwendung der von den Schülerinnen und Schülern eingesammelten Umlage für die eigene Bibliothek und für die Druckaufträge. Im Elternteam des Seminarausschusses werden beispielsweise Fortbildungsveranstaltungen für die Elternschaft organisiert und die Eltern neuer Schüler werden mit den Besonderheiten wie auch mit der Geschichte der Hildesheimer Gesamtschule vertraut gemacht. Außerdem organisiert der Seminarausschuss öffentliche Veranstaltungen in der Schule. Diese – zum Beispiel wenn es um neuere „neurobiologische Grundlagen des Lernens" oder „veränderte Einstellungen und Werte Jugendlicher" geht – richten sich an eine pädagogisch interessierte Öffentlichkeit auch über die Schulgemeinschaft hinaus. Insofern prägt die Arbeit dieses Elternteams die Schule weit über das Gewohnte hinaus.

Es ist uns wichtig, den Teamgedanken auch bei den Schülerinnen und Schülern heranzubilden, und so unterstützt die Schule die Bildung von Schülerarbeitsgruppen, die an *Entscheidungen* beteiligt werden und Veranstaltungen organisieren. In der Sekundarstufe I wie in der gymnasialen Oberstufe gibt es eigenständig und regelmäßig arbeitende Schülergruppen. Diese sind einmal an den Entscheidungsprozessen der Schule und in den Gremien beteiligt. Darüber hinaus gibt es aber viele weitere Aktivitäten in der Schule, die von Schülerteams geplant und durchgeführt werden. So wird das jährliche Gedenken Hildesheimer Schülerinnen und Schüler zur Reichspogromnacht von einer Gruppe mit wesentlicher Beteiligung der Robert-Bosch-Gesamtschule organisiert. Weitere Teams planen Informationsveranstaltungen in der Schule (unlängst zum Thema „60 Jahre Menschenrechte"), wieder andere Schülergruppen betreuen einen Dritte-Welt-Laden in der Schule.

Ziele demokratisch setzen – und konsequent umsetzen

Als an der Robert-Bosch-Gesamtschule damit begonnen wurde, Lösungen für das dringende Problem der zurückgehenden Schülerzahlen zu suchen und die Attraktivität der Schule zu steigern, musste das Kollegium dies aus eigener Kraft bewerkstelligen. Es gab keinen Entschluss „von oben", die Schule unbedingt erhalten zu wollen; es wurde kein Korrekturprogramm „verordnet"; es gab auch keine zusätzlichen Mittel …

Was es jedoch gab, war das Engagement des Kollegiums – erstaunlicherweise in hohem Maße. Und außerdem gab es auch noch das Können, es gab die Professionalität der Kolleginnen und Kollegen. Dies beides war offensichtlich entscheidend für das Gelingen des Erneuerungsprozesses der Schule.

Eine wesentliche Rolle spielte dabei die Identifikation der Kolleginnen und Kollegen, und dies in doppelter Hinsicht: Die Lehrkräf-

Schüler im Team: erfolgreiche Mitarbeit bei der Planung und Durchführung von Veranstaltungen wie zum Beispiel dem jährlichen Gedenken an die Verfolgung und Vernichtung der Hildesheimer Juden

Teamarbeit in der gymnasialen Oberstufe

Stufenleitung

Die Stufenleitung arbeitet nach dem Kollegialitäts- und Kooperationsprinzip und, wo das möglich ist, mit den Mitteln der Verantwortungsübertragung, des ergebnisoffenen Gesprächs und des Konsenses. Insofern sind insbesondere die Klassenlehrer und Tutoren an den Entscheidungen und an der Entwicklung der gymnasialen Oberstufe beteiligt. Es herrscht Transparenz in Bezug auf Entscheidungsgründe, Entscheidungsprozesse und Zuständigkeiten.

Pädagogischer Rahmen

Die gymnasiale Oberstufe hat sich im Zusammenwirken von Lehrkräften und Lernenden für ihre Arbeit einen pädagogischen Rahmen gegeben. Auf diesen „Pädagogischer Konsens" genannten Rahmen werden alle Schülerinnen und Schüler, beginnend mit dem Jahrgang 11 des Schuljahres 2005/2006, per schriftlicher Selbsterklärung verpflichtet. Er ist die Bezugsebene für Fälle notwendiger Konfliktbearbeitung. Dieser pädagogische Rahmen zielt auf zwei Bereiche des schulischen Lebens- und Arbeitszusammenhangs: Die „soziale Kompetenz" und die „Arbeitskompetenz". Er legt also die Regeln fest für den Umgang der am Schulleben Beteiligten untereinander (Lehrkräfte, Lernende) und Regeln mit dem Ziel, dass die Lehrenden ihrem Auftrag entsprechen und die Lernenden die Einstellung zu ihrer Arbeit finden, die zu einem Schulerfolg führt.

Methodenkompetenz

Entscheidend für den Schulerfolg der Lernenden ist, dass sie über Methoden für den Erwerb, den Umgang und die Verarbeitung des Lernstoffes in den einzelnen Fächern verfügen. Am Beginn des 11. Schuljahres wird deshalb eine „Methodenwoche" durchgeführt, in der für Methodenkompetenz Grundlagen geschaffen werden. Bei den Schülerinnen und Schülern, die aus der eigenen Schule kommen, kann dabei auf Vorwissen zurückgegriffen werden (Methodencurriculum der Sekundarstufe I). Die Methodenwoche dient also auch zur Integration der Lernenden, die aus anderen Schulen an unsere Schule kommen. Das Bestreben ist, methodische Kompetenz allgemein, aber auch jeweils fachspezifisch zu fördern. Deshalb werden im Laufe des 11. Schuljahres nach der Methodenwoche für die einzelnen Fächer unter Berücksichtigung aller drei Aufgabenfelder „Methodentage" durchgeführt. Diese Weiterentwicklung der Methodenwoche ist Aufgabe der Fachbereiche, bei der die Stufenleitung unterstützend wirkt. Für die weitere Entwicklung des Methodencurriculums als Bestandteil des „Modernen Lehrplans" in der gymnasialen Oberstufe ist es also wichtig, dass die Fachbereiche dies als Teil ihres Arbeitsprogramms verstehen.

Fächerverbindendes Lernen

Im Jahrgang 11 wird statt einer beliebigen Klassenfahrt eine „Seminarfahrt" durchgeführt. Diese hat neben den sozialemotionalen Zielen einer Klassenfahrt den Zweck, fächerverbindend an einem Thema arbeiten zu lassen. Die Seminarfahrt wird in den betreffenden Fächern und in den Verfügungsstunden der Klassenlehrer vorbereitet und nach der Fahrt nachbereitet. In den vergangenen Jahren führte die Fahrt nach Kreisau (Polen) und verknüpfte Themen des Politikunterrichts („Polen/Europa heute") mit Themen des Faches Geschichte („Deutschland und Polen"). Auch im Schuljahr 2007/2008 wurde die Seminarfahrt nach Kreisau durchgeführt. Ab dem folgenden Schuljahr wurde diese Fahrt abgelöst durch ein neues Fahrtenkonzept für den 11. Jahrgang. Neben Kreisau werden als Ziele Madrid, London, Straßburg, Prag und Aarö in Dänemark angeboten. Die Auswahl erfolgt entsprechend des ab der 12. Klasse zu besuchenden Schulzweiges: „Sprachler" fahren nach London, Straßburg oder Madrid, „Gesellschaftswissenschaftler" nach Kreisau, „Naturwissenschaftler" auf die kleine Insel Aarö und die „Künstler" fahren nach Prag. Die Fahrten finden am Ende des 11. Jahrgangs statt. Sie werden fächerübergreifend vorbereitet und sie verweisen auf den jeweiligen Zweig in der Qualifikationsphase. In der Qualifikationsphase wird fächerverbindendes Lernen im Rahmen des Seminarfaches fortgeführt. Dieses Fach wird an eines der

Aufenthaltsraum für die gymnasiale Oberstufe

Schwerpunktfächer gekoppelt. Alle Schwerpunktfächer mit Seminarfach geben sich ein gemeinsames, übergeordnetes Thema, an dem aus fachlicher Sicht und fächerverbindend gearbeitet wird. Bei dieser Ausgestaltung des Seminarfaches handelt es sich im umfassenden Sinne insofern auch um ein Projekt, als die Ergebnisse der Arbeit auf geeignete Weise in der schulischen und außerschulischen Öffentlichkeit präsentiert werden. Für die Präsentation außerhalb der Schule wird die Kooperation mit Unternehmen der Stadt, anderen Bildungseinrichtungen, Museen etc. gesucht.

Schulleben

Damit die Schülerinnen und Schüler die gymnasiale Oberstufe als ihre begreifen und erfahren können, gibt es eine Fest- und Feierkultur außerhalb der Unterrichtsebene. Das schafft und fördert Bindung und Integration. Es ist aber auch für ein auf die Unterrichtsebene zielendes Arbeitsumfeld im „Lerncenter" gesorgt, das gemeinsames wie individuelles Lernen ebenso ermöglicht wie eine freie Nutzung heute üblicher Kommunikations- und Informationsmedien. Das letztgenannte Angebot wurde im 2. Halbjahr des Schuljahres 2005/2006 um ein „Internetcafé" mit 5 bis 6 Arbeitsplätzen erweitert. Für den Aufenthalt der Schülerinnen und Schüler während der Pausen und eventueller Freistunden steht das „Foyer" zur Verfügung. – Leiter und Koordinator der gymnasialen Oberstufe pflegen das Prinzip des „offenen Büros". Zu jeder Zeit ist so die Möglichkeit des Gesprächs für Ratsuchende gegeben.

te haben sich so sehr eingesetzt, weil sie sich mit der Reformschule Integrierte Gesamtschule identifizierten. Aber die Lehrer identifizierten sich auch mit der konkreten Robert-Bosch-Gesamtschule in Hildesheim – ihrer Schule. Insofern ist die Entwicklung dieser Hildesheimer Gesamtschule auch ein gutes Beispiel für das Gelingen einer demokratischen und auf Partizipation begründeten Schulentwicklung überhaupt. Und der Entwicklungsprozess wurde in den ersten Jahren auch ohne Führung „von oben" auf die Beine gestellt.

Wir erhielten dann aber auch Wertschätzung und Anerkennung von außen: Während der Weltausstellung EXPO 2000 in Hannover durfte die Schule als eine von ganz wenigen Schulen das Bildungswesen Deutschlands repräsentieren. Diese Auswahl wurde vom Kollegium als eine enorme Anerkennung betrachtet, und sie hat allen am Erfolg Beteiligten einen starken positiven emotionalen Schub nach vorne gegeben. Die Jury des Deutschen Schulpreises stellte dann im Dezember 2007 heraus, dass die Robert-Bosch-Gesamtschule überall gut oder sogar sehr gut sei. Besonders habe das Management des Schulentwicklungsprozesses Eindruck hinterlassen – und auch, dass die Schule Kindern aller Begabungen und aller sozialer Schichten viel zu bieten habe und kaum ein Schüler sie ohne Abschluss verlasse. Sehr viele Kinder und Jugendliche seien außerdem in den Wettbewerben beispielsweise von „Jugend forscht" erfolgreich. Als UNESCO-Projektschule haben Friedenserziehung und die Bewahrung der natürlichen Mitwelt im Großen wie im Kleinen einen hohen Stellenwert.

In ihrer Entwicklung bemüht sich die Robert-Bosch-Gesamtschule darum, möglichst alle von Veränderungen Betroffenen an der Gestaltung dieses Prozesses zu beteiligen. Dies gilt vor allem für das Setzen und Verabreden von Zielen.

Die Schulleitung hat hierbei eine eher moderierende Funktion. Zwar begreifen sich auch die Schulleitungsmitglieder als Vertreter bestimmter Positionen und Meinungen, und von der Schulleitung gehen natürlich auch viele Impulse aus. Gleichwohl ist der Bereich der Zielsetzung ein sehr offener und diskursiver Prozess: Dies geschieht in der Arbeit der Gremien im laufenden Jahr. Es geschieht aber vor allem einmal pro Jahr jeweils im Dezember. Dann findet an einem anderen Ort die mehrtägige Tagung der Funktionsstelleninhaber der Schule statt. Die Kolleginnen und Kollegen besprechen und erörtern, welche Stärken und Schwächen bei unserer Arbeit festgestellt wurden, was gut und was schlecht gemacht wurde, was im nächsten Jahr anders gemacht werden soll und welche Schwerpunkte gesetzt werden sollen. Das verdichtet sich zu drei, vier wesentlichen Projekten für das nächst folgende Schuljahr.

Hinzu kommt, dass es ein sehr klarer Anspruch der Schule ist, vereinbarte Ziele und Verabredungen auch Wirklichkeit werden zu lassen. Schule sollte nicht etwa als „Ort organisierter Unverbindlichkeit" erscheinen, und, etwas pointiert gesagt, Schulen können nicht wie selbstverwaltete Jugendzentren geleitet werden. Dazu kontrollieren die Schulleitung und die Jahrgangs- und Fachbereichsleiter die Verwirklichung und Umsetzung der gefassten Beschlüsse. Dieses geschieht kontinuierlich und begleitend das ganze Jahr über. Gelegentlich hört man die Meinung, Schule könne sich nur dann gut entwickeln, wenn man die Leitung besonders stark machen und diese mit viel Macht ausstatten würde. Diese Position erscheint vor dem Hintergrund der Erfahrungen der Robert-Bosch-Gesamtschule eher fragwürdig. Was könnte eine starke Schulleitung bewirken, wenn sie auf ein Kollegium trifft, das

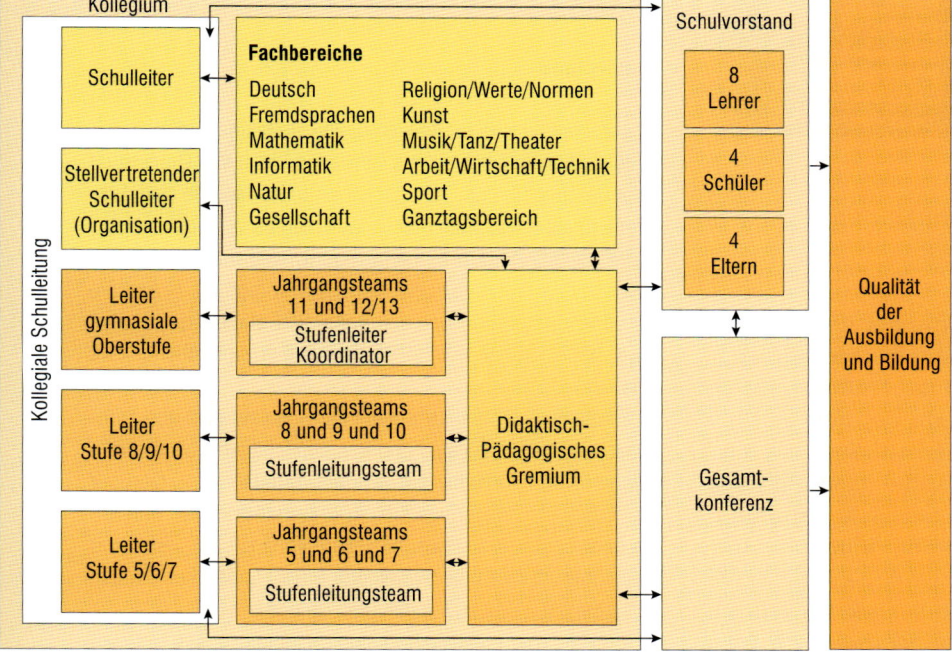

Die gegenwärtige Gremienstruktur der Robert-Bosch-Gesamtschule zielt auf die Qualität der Bildung und Ausbildung der Schülerinnen und Schüler. Im Mittelpunkt stehen die Jahrgänge mit ihren Jahrgangsteams. Diese sind durch die Leiter der drei Schulstufen in der Kollegialen Schulleitung (KSL) vertreten. Die Jahrgangsleiter treffen sich regelmäßig in ihren Stufen. Die Fachbereichsleiter treffen sich ebenfalls regelmäßig. Fachbereichs- und Jahrgangsleiter sowie die Kollegiale Schulleitung bilden zusammen das Didaktisch-Pädagogische Gremium. Hierzu kommen noch einige gewählte Eltern und Schüler.

Diese Gremienstruktur bildet sich auch in der Entscheidungsstruktur der Schule ab: Vor den Sitzungen des Schulvorstandes findet die Gesamtkonferenz statt. Diese wird vorab in Fach- und Jahrgangskonferenzen und Sitzungen der oben angeführten Gremien vorbereitet. Außerdem bereiten sich die Eltern- und Schülervertreter – auch durch die Teilnahme an den Gremien – als Entscheidungsträger auf die Diskussionen und Beschlussfassungen vor.

sie nicht motivieren kann? Bedeutsam für die Entwicklung unserer Schule war und ist, dass sich alle Beteiligten über die grundsätzlichen Leitlinien der gemeinsamen Arbeit verständigen und konkrete Ziele und Maßnahmen von den jeweiligen Teams entwickelt und vorgeschlagen werden. Die Gremien der Schule beschließen dann demokratisch.

Sind solche demokratischen Strukturen an einer Schule erst einmal aufgebaut und allgemein akzeptiert, werden Reformen, die „von außen" an die Schule herangetragen werden, verständlicherweise zunächst kritisch betrachtet. Reformen werden von einem Kollegium dann besonders gut getragen, wenn sie im Kollegium konzipiert und dann durch die Schule beschlossen wurden.

Wir entwickeln unsere Schule weiter. Kontinuierlich justieren wir an kleinen Stellschrauben nach. Zum Beispiel verbessern wir gerade (im Jahr 2009) unseren Sozialen Lehrplan. Wir wollen verbindlicher festlegen, was unsere Schüler von Jahrgang 5 bis Jahrgang 13 im sozialen Bereich leisten und in welchen Handlungsfeldern des sozialen Lernens sie sich aktiv beteiligen sollen. Auch sind wir gerade dabei, die Feedback-Kultur in unserer Schule weiterzuentwickeln. Deshalb haben wir begonnen, flächendeckend einen Fragebogen für alle Schüler in allen Fächern einzusetzen. So bekommen die Lehrkräfte eine direkte Rückmeldung ihrer Schüler über die Wahrnehmung der Qualität ihres Unterrichts.

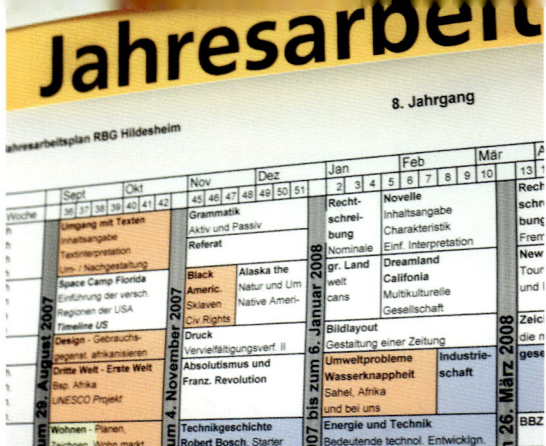

Vom Modernen Lehrplan zu den Jahresarbeitsplänen

Im Schulentwicklungsprogramm der Robert-Bosch-Gesamtschule – unserem „Masterplan" (vgl. S. 16) – bauen die Module „Leitbild", „Moderner Lehrplan" und „Verbesserung der Unterrichtsqualität" aufeinander auf. Dabei ist das „Leitbild" ein Kriterium für die Auswahl und Festlegung eines inhaltlichen Schwerpunkts im Lehrplan, ohne dass hierbei Vorgaben der Rahmenrichtlinien und Kerncurricula außer Acht gelassen werden; auch schuleigene Fachcurricula und Lernprogressionen werden natürlich beachtet und nicht beschnitten. Wichtigstes und bestimmendes Ziel aber ist die „Verbesserung der Unterrichtsqualität".

Wir gehen davon aus, dass sich schon infolge der konkreten Umsetzung des Modernen Lehrplans die Unterrichtsqualität verbessern wird, denn die zeitlichen Festlegungen, die Bindung von Unterrichtseinheiten an methodische Schwerpunkte, die Hinweise und Aufforderungen zu fächerübergreifender Zusammenarbeit haben strukturierende Wirkung. Andererseits muss sich der Moderne Lehrplan im Unterrichtsalltag bewähren, er wird evaluiert und weiterentwickelt, sodass – wie wir hoffen – eine Spirale der Verbesserung der Unterrichtsqualität durch diesen Prozess initiiert wird.

Bei der Modernisierung des Lehrplans ließen wir uns von dem Gedanken leiten, dass hier nicht nur rein fachliche Kompetenzen, sondern auch

Lehrpläne

Lehrpläne für und in Schulen haben vielfältige Funktionen. Sie sind ewiges schlechtes Gewissen, denn ihre Opulenz ist die Garantie für den Frust der Unterrichtenden. Sie sind Ausrede für das, was man macht, weil man es ja machen muss, und für das, was man nicht macht, weil man es ja nicht machen darf oder eben gar nicht dazu kommt, es zu tun. Sie sind Argument und Beweis, dass die Schüler früher (also wir) besser, mehr, williger, fleißiger und erfolgreicher gelernt haben.

Lehrpläne sind die Instrumente der Schulaufsicht und kommen als Stoffpläne daher und Rahmenrichtlinien, als verbindliche Prüfungsinhalte und zentrale Abiturthemen. Darüber hinaus kristallisieren sie sich in Unterrichtswerken und begründen auch noch finanziell unsere Abhängigkeit, indem wir uns über Jahre an die Systematik eines Lehrwerkes binden, das Inhalte, Fragestellungen und Methoden vorgibt.

Lehrpläne sind nicht zuletzt eine Sammlung dessen, was wir immer schon gemacht haben, weil wir es ja machen mussten, und was wir immer schon *so* gemacht haben und was sich also bewährt hat, gerade auch weil wir das Material dafür haben.

Lehrpläne tradieren Unzufriedenheit, verwandeln sie in Hilflosigkeit.

Ab und zu bäumt sich das schlechte Gewissen in Projektwochen auf, aber die Wächter der Lehrpläne fragen verlässlich, wann denn wieder Unterricht sei, oder gemeiner, wann denn wieder gelernt werde.

methodische und soziale berücksichtigt werden müssen. Die Robert-Bosch-Gesamtschule hat folgende Kriterien und Ziele festgelegt, denen ein „moderner Lehrplan" entsprechen muss und die auch für die zukünftige Revisionsarbeit relevant bleiben:

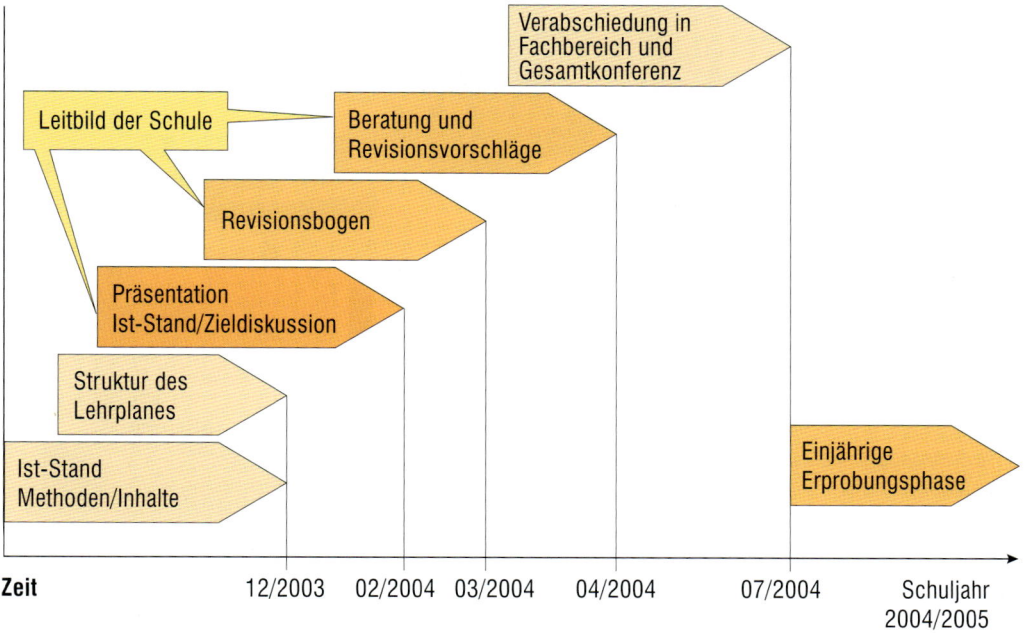

Unser Weg zum methodisch-didaktischen Lehrplan

- ▸ Ausrichtung der Fachinhaltsfolge auf Standards, Kompetenzen und Kerncurricula
- ▸ Orientierung am „Leitbild" der Schule (vgl. S. 18)
- ▸ Beschreibung von UNESCO-Schwerpunkten in den Fächern und Jahrgängen
- ▸ verbindliche Platzierung und inhaltliche Anbindung der Universal- und Fachmethoden
- ▸ Ausweisung des „Sozialen Lehrplans" der Schule (vgl. S. 80)
- ▸ Verbindung und Vernetzung der Fächer über Themensequenzen in den Jahrgängen
- ▸ verbindliche Platzierung von Projektphasen, Praktika und Aktionen (Feste, Feiern, Lesenächte u. a.; wir haben uns von der beliebigen Setzung von Projektwochen verabschiedet, vgl. S. 35 und 41)

Die Entwicklung des Modernen Lehrplans war kein Laborexperiment, sie fand und findet in der laufenden Unterrichtsarbeit statt, sie verändert Reihenfolgen, schafft Zusammenhänge, ermöglicht Verbindlichkeiten, fordert Kooperation, legt Methodenarbeit fest.

Aus der Praxis:
Bei der Modernisierung unseres Lehrplans hat es sich als vorteilhaft erwiesen, dass wir den Lehrplan nicht neu erfunden und Alt gegen Neu getauscht haben, sondern dass dieser Entwicklungsprozess von den Fachkollegien – aber zusammen mit den Jahrgängen – gestaltet wurde. Ein großer Teil der vorhandenen Unterrichtseinheiten blieb dabei erhalten, wurde aber in Beziehung zu den Inhalten anderer Fächer im Jahrgang betrachtet, in fächerübergreifende Bezüge gesetzt und unter Umständen in der curricularen Reihenfolge neu platziert.

Die Entwicklung des Modernen Lehrplans erklärt nicht alle bisherige Arbeit für obsolet, für „unmodern", sie macht die Arbeit nachhaltig, wie wir meinen, sinnvoller, besser und – vielleicht morgen erst – leichter. Begonnen haben

Der begehbare Lehrplan in der Aula – die ganze Schule auf einen Blick

„Erleichterung spürten wir, als die letzten Tafeln der Ausstellung ‚Moderner Lehrplan' endlich angeknotet waren. Stolz, alle Fachbereiche termingerecht für diesen ‚Himmel der Inhalte' versammelt zu haben: quer in der Aula die Jahrgänge, längs – zur Bühne hin – die Fächer. Akkurat ausgerichtet. Welch ein Anblick. Welch ein Moment. Nur ein Moment. Die Bläserklasse, wir hatten die Bläserklasse vergessen, die die Aula als Unterrichtsraum nutzt. 30 Schülerinnen und Schüler betraten die Ausstellung und verwandelten unsere curriculare Andachtshalle in ein Mobile der Fachinhalte: ‚Was ist denn das hier?' Neugierig fragten die Feinde der Akkuratesse. ‚Das alles werdet ihr lernen müssen!' Ja, diese Antwort sollte auch disziplinieren, denn was so penibel ausgerichtet war, schaukelte nun, bebte, wogte. ‚Au toll, wo ist Mathe?', kam respektlos die Antwort. Platzanweisern gleich zeigten wir die gewünschte Reihe und der junge Frager lief von Fünf bis ins Kurssystem, alle Tafeln touchierend, und blieb vor der letzten stehen: ‚Ich verstehe nichts', sagte er triumphierend, ‚aber das lerne ich alles noch!' Eine frohe Stunde hat es gekostet, nach der Bläserklasse alle Tafeln wieder akkurat auszurichten, wie es sich für eine Ausstellung gehört. Eine gelungene Vernissage."

(Aus: Bausteine der Schulentwicklung, Qualitätsbereiche und Handlungsfelder, RBG Selbstverlag, Hildesheim ²2008, S. 30)

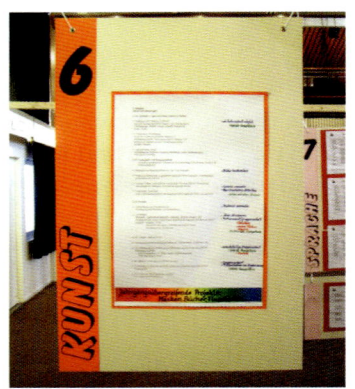

wir damit, „Inventur" zu machen, das heißt, den Ist-Stand der Themen, Inhalte und Methoden im erteilten Unterricht aller Fächer jeder Jahrgangsstufe zu erheben. Die Struktur des Lehrplans der ganzen Schule sollte in der Reihenfolge der Unterrichtseinheiten pro Halbjahr, wenn möglich unter Angabe des methodischen Schwerpunkts und der verwendeten Unterrichtsmaterialien auf einer Seite zusammengefasst werden.

Die Modernisierung unseres Lehrplans

Wir haben uns den Lehrplan der Schule in unserer Aula aufgehängt: auf großen Tafeln in Augenhöhe längs (zur Bühne hin) die Unterrichtsfächer, quer die Jahrgänge. Am Ende der Jahr-„Gänge" gab es Ereignisfelder, auf denen Wandertage, Betriebspraktika und Ähnliches notiert waren. Auf Tischen waren Materialien,

Schülerarbeiten, Unterrichtsbücher den Fächern und Jahrgängen zugeordnet. Im Eingangsbereich der Aula und auf der Bühne waren Stühle und Tische für Konferenzen und Gesprächsrunden aufgestellt, Pinnwände, Flipcharts etc.

Wir waren auf dem Weg zu einem „modernen Lehrplan"!

Um den „alten Lehrplan" zu inspizieren und Vorschläge zur Verbesserung zu machen, schickten wir unsere Kolleginnen und Kollegen durch die Ausstellung mit fünf Arbeitsaufträgen, die nannten wir „LAUFträge", denn ihre Erfüllung brachte das Kollegium ganz schön in Bewegung. Darüber hinaus besuchten unsere Elternvertreter, Studentengruppen, pädagogische Seminare der Lehrerausbildung und auch Kolleginnen und Kollegen anderer Schulen diese Ausstellung.

Die Ergebnisse dieser Revision sind in den Jahrgängen und Fachbereichen diskutiert worden. Beschlossen wurde von den Jahrgängen

▸ ein Methodencurriculum in der Jahresarbeitsplanung (Rhythmisierung, Fächer- und Themenbezug, Verknüpfung der Inhalte mit dem Methodenschwerpunkt)
▸ thematische Schwerpunkte für Projektarbeit, fächerübergreifendes Lernen, Verabredungen zur Zusammenarbeit
▸ Rhythmisierung des Schuljahres (Ferien, Fahrten, Praktika, Veranstaltungen, Klausuren)

Die Fachbereiche überprüften

▸ die „Stimmigkeit" der Fachinhalte (Sind die Veränderungen verantwortbar, ist die Reihenfolge sinnvoll?)
▸ die Anbindung an die methodischen Schwerpunkte
▸ die Eignung des vorhandenen Lehrmaterials (Sind die Lehrbücher weiterhin geeignet, muss zusätzlich Unterrichtsmaterial angeschafft werden?)

Analyse des alten Lehrplans – „LAUFträge" an das Kollegium

▸ Überprüfe, an welcher Stelle in welchem Fach Inhalte eine Verknüpfung mit den UNESCO-Themen aufweisen!
▸ Weise wichtige fächerübergreifende Aspekte in deinem Jahrgang aus, die zu realisieren dir günstig oder gar notwendig erscheinen!
▸ Für welches dieser oben genannten Themen kannst du dir fächer- und/oder jahrgangsübergreifende Projekte (Projektwochen/-phasen/-tage) vorstellen?
▸ Überprüfe die Universalmethoden in Bezug auf deinen Jahrgang (Angemessenheit) und dein Fach (Anbindung an Fachinhalte)!
▸ Bitte überprüfe das Fachcurriculum – und die darin enthaltenen Fachfertigkeiten – in Bezug auf die für die zu erreichenden Standards in Jahrgang 10 bzw. für den Übergang in die Sekundarstufe II notwendigen inhaltlichen und methodischen Voraussetzungen!
▸ Klebe nun bitte „Post-it"-Zettel mit Kritik, Ideen, Vorschlägen, Hinweisen, Lob auf die Plakatränder oder auf das „Ereignisfeld" des Jahrgangs!

Aus dieser Arbeit heraus definieren wir heute einen „modernen Lehrplan" als

▸ leitbildorientiert
▸ situationsorientiert
▸ teambasiert
▸ jahresarbeitsplanbezogen
▸ methodenorientiert
▸ veränderbar

Zurückblickend – und für dieses Kapitel vorausschauend – kann man feststellen: Dort in der Aula im Dezember 2004 hing der Prototyp unserer Jahresarbeitspläne.

Vom Modernen Lehrplan zur Jahresarbeitsplanung – Jahrgangsteams erstellen „Jahresarbeitspläne"

Nach der Ausstellung und der Revisionsarbeit aller Kolleginnen und Kollegen standen wir vor der Frage, wie wir Vorschläge, Vernetzungen,

Revisionen, neue Ideen, auch Kritik und Bedenken sichern und für die Entwicklung des Modernen Lehrplans nutzen können.

Der Moderne Lehrplan kristallierte sich als ein Mittel zur Lockerung der Grenzen zwischen Fachbereichen und Jahrgängen heraus. Auf der Grundlage der Ergebnisse der Ausstellung wurden – reduziert auf Stichwörter oder Überschriften – für jeden Jahrgang die Unterrichtseinheiten aller Fächer sowie sämtliche Veranstaltungen auf einer DIN-A4-Seite zusammengefasst. Inhalte und Methoden, pädagogische Schwerpunkte, Stammgruppenfahrten, sportliche und kulturelle Ereignisse mussten nicht nur im Terminplan berücksichtigt werden, sondern zusammen gedacht, bedacht und entwickelt werden.

Diese Übersichten sind Arbeitsgrundlage für die Klausurtagungen der Jahrgangsteams, die vor den Sommerferien das kommende Schuljahr planen. Hierbei gilt es, die Unterrichtsinhalte aller Fächer konkret sinnvoll zu vernetzen, und zwar in Bezug auf die zeitlichen Setzungen eines Schuljahres und unter Berücksichtigung der Ressourcen des Jahrgangsteams. Damit hat das Jahrgangsteam die Option, die innerhalb eines Schuljahres vorgesehenen Unterrichtsinhalte sinnvoll zu platzieren. Diese Vorgehensweise eröffnet die Möglichkeit, Jahr für Jahr neu spezifische Bedingungen einzuarbeiten und zu berücksichtigen. Das können zum Beispiel das Programmangebot des Stadttheaters, ein Jubiläum, ein Wettbewerb sein.

Was sich am Ende daraus ergibt, ist ein Jahresarbeitsplan, der ein Höchstmaß an Transparenz ermöglicht und in dem der „Blick über den Tellerrand" des eigenen Faches strukturell fest eingeplant ist. Die Notwendigkeit, sich im Jahrgang an verbindliche Absprachen zu halten, wird überdeutlich. Jeder kann aus dem Jahresarbeitsplan ablesen, ab wann welche Grundlagen (etwa Methoden) vorausgesetzt werden können beziehungsweise dass sie angewendet und geübt werden müssen. Bei Teambesprechungen, Fachkoordinationen, Absprachen und Planungsgesprächen bietet der Jahresarbeitsplan eine exzellente Basis für eine gemeinsame Arbeit.

Natürlich soll der Jahresarbeitsplan uns nicht versklaven! Bewegung ist nicht nur erlaubt, sondern auch erwünscht! Das gilt auch für den Jahresarbeitsplan, allerdings fordert die Verbindlichkeit der gemeinsamen Arbeit, dass nachvollziehbare Ursachen einem Abweichen zugrunde liegen, damit es von den Beteiligten akzeptiert werden kann. Auch für das im laufenden Schuljahr so wichtige Innehalten, die Zwischenbilanz, ist der Jahresarbeitsplan von großem Nutzen. Es bedarf einer stetigen Vergewisserung: Worauf haben wir uns geeinigt? Wo stehen wir jetzt? Welche Gründe haben die Abweichungen? Wo müssen wir nachbessern? Wo müssen wir bremsen? Wo müssen wir „draufsatteln"? All diese Fragen sind sinnvoll erst dann zu beantworten, wenn zu Beginn eines Schuljahres der Jahresarbeitsplan sozusagen als inhaltliche und methodische Zielvereinbarung eines Teams von allen Beteiligten akzeptiert wird.

Aus der Praxis:
Abgesehen von dem Ziel, die Unterrichtsqualität zu verbessern, sind die Jahresarbeitspläne auch im praktischen Alltag ein nützliches und zeitsparendes Instrument. Für Fachlehrerinnen und -lehrer etwa, die nur wenige Stunden im Jahrgang unterrichten, ist der Plan eine Orientierungshilfe, ein Navigationsinstrument, das hilft, wichtige Gesprächspartner zu finden und voraussehbare Ereignisse einzuplanen. Nicht zuletzt ist der Jahresarbeitsplan aber auch für Eltern und Schüler eine hilfreiche Informationsquelle, die insgesamt die Transparenz erhöht.

Projektunterricht und Tagesrhythmus werden verändert

Der derzeitige Entwicklungsstand des Modernen Lehrplans hat an der Robert-Bosch-Gesamtschule noch zu zwei weiteren wesentlichen Veränderungen geführt: Bei der Art und Weise, wie wir unseren Projektunterricht durchführen und wie wir den Schultag gestalten.

Der Moderne Lehrplan und seine „Materialisierung" im Jahresarbeitsplan offenbaren, was wir alle schon lange als Befürchtung in uns tragen: nämlich dass die gewohnte Praxis unseres Projektunterrichts nicht mehr unserem Anspruch an Unterricht und Leistung entspricht. Als Defizit unserer bisherigen Projektarbeit lässt sich zusammenfassend – und daher auch pauschalisierend – sagen, dass unsere jährlich festgelegten zentralen Projektwochen immer additiv begriffen wurden: „Wir machen althergebrachten Unterricht, und dann machen wir mal etwas völlig anderes, nämlich ein Projekt!" So hatte zu oft das eine mit dem anderen nichts oder zu wenig zu tun. → weiter auf S. 38

Die Robert-Bosch-Gesamtschule sucht exemplarische Lerngegenstände aus dem Umfeld in den schulischen Kontext zu integrieren, um so einen Teil der systembedingten Mittelbarkeit von Schule zugunsten originaler und unmittelbarer Begegnung aufzuheben. Umgekehrt wirkt die Schule auch in den öffentlichen Raum hinein. Im Rahmen des Unterrichtsprojektes „Mobilität" wurde ein Stadtbus zum „Literaturbus". Der Bus wurde von Schülern des Kunst-Leistungskurses außen entsprechend gestaltet und fuhr dann jahrelang in diesem „Outfit" durch die Stadt. Andere Schüler eines Kunstkurses gestalteten die Fassade des *Wasserparadieses*, eines großen Hildesheimer Erlebnisbades, mit paradiesischen Motiven eines mythologischen tropischen Regenwaldes.

Die Jahresarbeitspläne

Die Jahresarbeitspläne sind Tabellen (mittels Tabellenkalkulation erstellt), die in ihren Kopfzeilen Monate und Kalenderwochen ausweisen. Der rechte und linke Rand lässt erkennen, mit wie vielen Wochenstunden die Fächer unterrichtet werden.

Alle senkrechten Eintragungen rhythmisieren als besondere Ereignisse (Wandertage, Sportveranstaltungen, Museumsbesuche, zentrale Abschlussarbeiten, Praktika) das Schuljahr. Besonders deutlich erkennbar sind die Zäsuren durch die Ferien.

Mit gleichen Farben hebt das Jahrgangsteam, das den Jahresarbeitsplan auf den Teamtagungen erstellt, die Möglichkeiten fächerübergreifenden Arbeitens hervor. In den Teams hat das durchaus den Charakter verbindlicher Festlegungen oder Verabredungen unter den Kollegen. Aber auch die Idee, der Hinweis,

auf Übereinstimmungen zu achten oder Aufforderungen zu gemeinsamer Planung, sind in Feldern gleicher Farbe festgehalten.

Im Jahresarbeitsplan wird deutlich, dass „Lehrgangsfächer" wie z. B. Englisch und Mathematik weniger beweglich sind als Kunst, Gesellschaft, Deutsch oder Religion/Werte und Normen.

In der rechten unteren Ecke schließlich sind in unseren Jahresarbeitsplänen die Lehrerkürzel der Stammgruppenleiter (Klassenlehrer) aufgeführt, für uns ist das nicht nur der Hinweis auf Personen (die wir sowieso kennen), sondern gleichzeitig die Information über die Fächer, die die Kolleginnen und Kollegen unterrichten. Hier haben wir die Ansprechpartner für Probleme in einer Gruppe, mit einer Klasse, für Vertretungsunterricht usw.

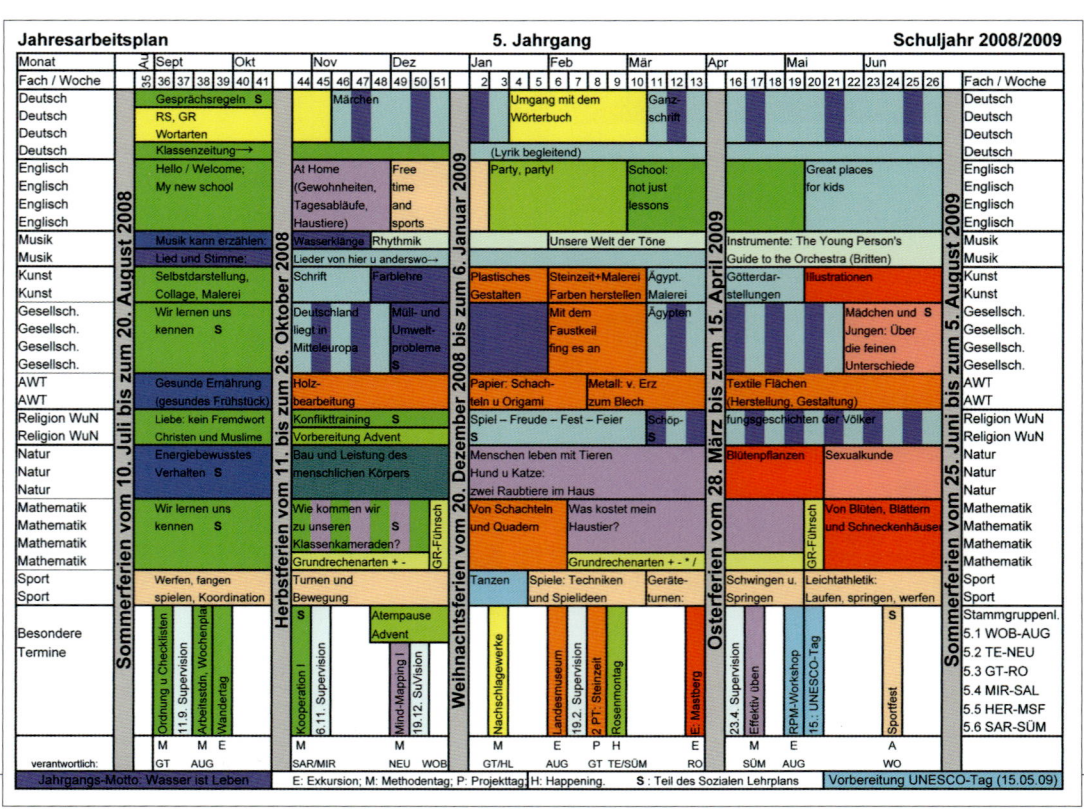

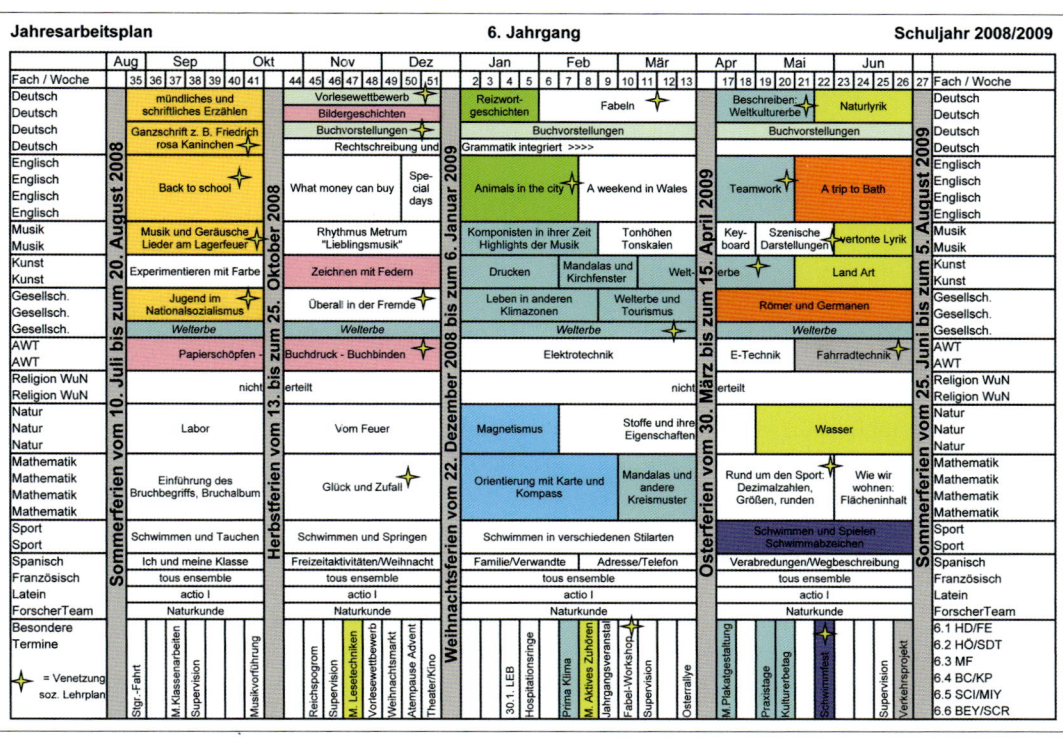

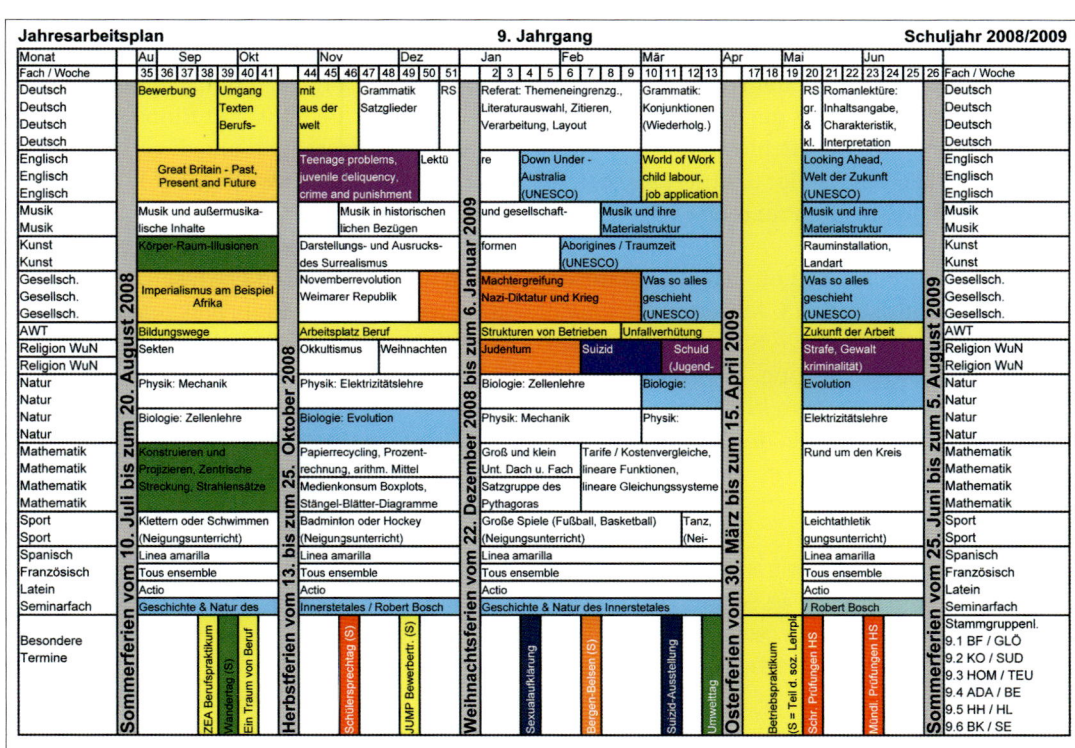

Zunehmend nachdenklich haben uns in den letzten Jahren die fächerverbindenden Projekte unserer gymnasialen Oberstufe gemacht, in denen im Rahmen eines Themas die Grenzen der Fächer geöffnet, Fähigkeiten und Fertigkeiten erweitert, Zusammenarbeit mit anderen Gruppen und über die Schule hinaus mit anderen Institutionen erreicht wurden. Kompetenzzuwachs, fachlich und sozial, und Horizonterweiterung konnten wir – dankbar und stolz – in mancher Präsentation erkennen.

Die Jahresarbeitspläne der Sekundarstufe I knüpfen an diese Erfahrung an: Durch die sinnvolle Platzierung, zum Beispiel die zeitliche Parallelisierung von korrespondierenden Unterrichtseinheiten, drängen sich Projekte oder Praxisanteile auf, die gewissermaßen organisch aus dem Unterricht hinauswachsen und dann auch wieder in den Unterricht hineinwirken, wobei sich Unterricht und Projekt gegenseitig beflügeln und insgesamt die Unterrichtsqualität verbessern können und sollen. Jeder Jahrgang hat unterschiedliche Projekte und Praxistage zu unterschiedlichen Zeiten.

Projekte finden nun in einzelnen Projektphasen statt. Manchmal ist es ein Jahrgang, der für drei Tage „Eine Reise in die Steinzeit" unternimmt, manchmal eine Gruppe, die zum Thema „Nationalsozialismus" einen Projekttag veranstaltet, um eine Ausstellung in der Schule vorzubereiten.

Aus der Praxis:
Wir haben die zentralen Projektwochen ganz abgeschafft, jene „Dinosaurier", die für eine Woche die Schule „abschalten" und in denen alle Unterrichtenden zu einem zentralen Thema ein Angebot zu machen haben.

Das inzwischen verbindlich verankerte Methodencurriculum, die Fokussierung auf die Nach-haltigkeit des Lernens und die Eigentätigkeit der Schülerinnen und Schüler, die zu-nehmende Abkehr von der Belehrung ließen uns den 45-Minuten-Takt, Einzelstunden und die Gängelung durch einen Pausengong immer unnatürlicher erscheinen.

Wir haben jetzt daraus die Konsequenzen gezogen und uns – ohne vorher in allen Gremien ausführlich und theoretisch die Risiken und Nebenwirkungen zu diskutieren – mit einem Gesamtkonferenzbeschluss vor den Sommerferien „ins kalte Wasser gestürzt": Mit Beginn des Schuljahres 2005/2006 haben wir unseren Schultag neu rhythmisiert. Für ein Probejahr blieb der Gong ausgeschaltet, wurden die 5-Minuten-Pausen abgeschafft, strukturierten wir den Tag durch längere Pausen zwischen 90-Minuten-Lerneinheiten. Jede und jeder einzelne ist stärker verantwortlich für sich selbst und das große Ganze, für Pünktlichkeit und Einhalten der Lernzeiten. Wir versprachen uns davon einen weiteren Zuwachs an erwünschter Ruhe und Gelassenheit.

Das Abschalten des Pausengongs hat sich an unserer Schule als voller Erfolg erwiesen, und niemand mehr will das rückgängig machen. Ein Leben ohne den Gong fördert die Selbstdisziplin der Unterrichtenden und der Schülerinnen und Schüler, die aus Verantwortung dem Lernen gegenüber Zeitverlust gering halten, und dem ist der Vorzug gegenüber blindem Klingelgehorsam zu geben. Doppelstunden ermöglichen und fordern andere Unterrichtsformen, Methodenwechsel, Materialeinsatz und so weiter, das ist sicher positiv. Auf der anderen Seite wünschen manche Fachbereiche auch Einzelstunden: Die „kleinen" Fächer wie Religion, die ihre beiden Stunden über die Woche verteilt sehen wollen, oder die Fremdsprachen, die außer ihrer Doppelstunde auch Einzelstunden benötigen, oder

Für die Revision des Jahresarbeits-
planes vorbereitete Pinnwand

die dreistündigen Fächer, die neben der Doppelstunde notwendig auch Einzelstunden produzie-
ren. Hier muss Unpünktlichkeit bei Lehrer- oder
Raumwechsel vor oder nach Einzelstunden ein-
kalkuliert werden.

Aus der Praxis:

Wir können also die Abschaltung des Pausengongs
und die flexiblere Strukturierung der Lerneinheiten
nur zur Nachahmung empfehlen! Bestehende Zweifel
an der Durchführbarkeit solcher Maßnahmen können
leicht mit einer Erprobungsphase ausgeräumt werden,
wie es sie auch an unserer Schule gab. Natürlich bringt
ein neuer Rhythmus im Kampf gegen alte Gewohnhei-
ten Schwierigkeiten mit sich. Aber das klappte besser
als gedacht, wohl auch deshalb, weil die „innere Uhr"
gut funktioniert. Es wurden aber auch in Fluren und
Klassenräumen Uhren angebracht, die Lehrenden
wie Schülerschaft dabei helfen, die Zeit im Blick zu
behalten.

Revision der Jahresarbeitspläne im Jahrgang

Heute ist die Jahresarbeitsplanung fest im Terminplan der Schule verankert. Sechs bis acht
Wochen vor Schuljahresende beginnt auf Jahrgangsebene eines jeden Faches die Reflexion
der Unterrichtsarbeit. Für die Revision des zu
Ende gehenden Schuljahres werden Pinnwände

vorbereitet, die für die Lehrenden zugänglich
aufgestellt werden und auf denen der Jahresarbeitsplan des laufenden Schuljahres angebracht
wird (siehe die Abb.).

Auf den Pinnwänden ist das alte Jahrgangsteam der Stammgruppenleiter und -leiterinnen
notiert und darunter das neue Team: Das weist
auf einen Blick die personellen Ressourcen für
das Schuljahr aus und signalisiert in den Fächer-
kombinationen der Klassenleitungen mögliche
thematische Schwerpunktsetzungen. So wird
eine zufällige Häufung von Mathematik- und
Naturlehrern einen anderen Duktus erwarten
lassen als zum Beispiel eine Zusammensetzung
mehrerer Kunst- und Deutsch-Kollegen.

In den Lehrerzimmern der Jahrgänge heften
die Jahrgangsteams und die Fachlehrerinnen
und Fachlehrer ihre Kritik, Mitteilungen und
Anregungen an diese Pinnwände. Ein bis zwei
Wochen lang stehen diese Wandzeitungen in
einem zentralen Flur, um auch den anderen
Fachlehrern (die ja nicht in allen Jahrgangsleh-
rerzimmern sein können) die Möglichkeit zu
geben, ihre Anmerkungen zu machen.

Aus der Praxis:

Die Rückmeldungen, die die Jahrgangsteams und die
im Jahrgang unterrichtenden Fachlehrer geben, visuali-
sieren wir auf den Pinnwänden in einem Ampelsystem.
Rot bedeutet: „Das geht so nicht wieder!", *gelb* steht
für eine Idee, *grün* heißt: „Das ist gut gelaufen." Die rot
und gelb gekennzeichneten Rückmeldungen bilden die
Prioritäten für unsere Arbeit: Sofort ran an die Probleme – keine gute Idee darf verloren gehen!

Das Ergebnis dieser Revisionsarbeit wird den
zukünftigen Jahrgangsleitern übergeben, die
so während der Teamtagungen auf die Erfahrungen des letzten Schuljahres zurückgreifen
können.

Revision der Jahresarbeitspläne 2008/2009 und Erarbeitung der Jahresarbeitspläne für 2009/2010 – Termine
Verteiler: alle Jahrgangsleitungen, alle Fachbereichsleitungen, Kollegiale Schulleitung (KSL)

Wann?	Was?	Wer?	Bemerkungen
April	Jahrgangs-Fachkoordination	Fachteams der Jahrgänge	dem Revisionsverfahren vorschalten
Anfang Mai	Didaktisch-Pädagogisches Gremium, Austausch zwischen Fachbereich und Jahrgang	alle Jahrgangsleiter, Fachbereichsleiter, KSL	Stelltafeln, Infoflur
bis Fr. 15.5.	Ergänzungen der Revision in den Jahrgangsteams	alle Teams, verantwortlich: Jahrgangsleitung	Stelltafeln in den Jahrgangs-Stationen, einheitliches Raster wurde vorbereitet
ab Mo., 25.5. bis Fr., 5.6.	Ergänzungen der Revision durch alle Fachlehrkräfte „en passant"	alle Fachlehrkräfte	Stelltafeln stehen im Infoflur, alle Lehrkräfte sollen abzeichnen
ab Mo., 8.6. bis Fr., 12.6.	abschließendes Gegenlesen durch die jeweiligen Fachbereichsleitungen	alle Fachbereichsleitungen	Fachbereichsleitungen sollen abzeichnen
	Austausch unter den „korrespondierenden" Jahrgangsleitungen	Jahrgangsleitungen	
ab Mo., 15.6.	Jahrgangsleitungen nehmen revidierte Pläne mit zu Jahrgangs-Klausurtagungen	Jahrgangsleitungen	alle Materialien, die in Papierform auf den Klausurtagungen gebraucht werden, müssen selbst zusammengestellt werden
18. und 19.6.	Erstellung der Jahresarbeitspläne durch die Jahrgangsteams	Jahrgangsteams	bitte digital
22. bis 24.6.	Abgabe der Jahresarbeitspläne bei Schulleitung und Veröffentlichung im Info-Flur, letztes Gegenlesen durch die Fachbereichsleitungen	Jahrgangsleitungen, KSL, Fachbereichsleitungen	Fachbereichsleitungen zeichnen Kenntnisnahme wieder ab
bis 6.8.	Veröffentlichung der Pläne: in den Jahrgangsbereichen, im Infoflur, auf der Homepage; an alle Kollegen, an die Eltern	Jahrgangsleitung, KSL	wie gehabt
	… und los geht's!		

Terminplan
für die Revision der
Jahresarbeitspläne

Die jährlichen Klausurtagungen

Etwa zwei Wochen vor Schuljahresende planen wir in Teamtagungen das kommende Schuljahr, den Donnerstagnachmittag und den ganzen Freitag! Das ist ein Geschenk unserer Eltern, die uns diesen Freiraum schaffen, indem sie ihre Kinder zu Hause betreuen. Für die Schülerinnen und Schüler, für die das nicht möglich ist, wird in der Schule eine Betreuung organisiert. Und es ist ebenfalls ein Geschenk der Schulleitung, die für diese Tagung Unterkunft und Tagungslokal finanziert. Inzwischen finden diese Teamtagungen außerhalb Hildesheims als Klausurtagungen statt. Die Unterrichtenden treffen sich stufenweise (Jahrgänge 5–7, Jahrgänge 8–10 und Jahrgang 11) außerhalb der Schule, um das neue Schuljahr zu planen. Wir verändern den Lehrplan, passen ihn den personellen Ressourcen an, denn ein neues Klassenlehrer-Team – und das bedeutet in der Regel eine andere Fachlehrer-Zusammensetzung – eröffnet jeweils neue Möglichkeiten der fächerübergreifenden Zusammenarbeit.

Aus der Praxis:

Ein besonderer Vorteil der jährlichen Revision des Lehrplanes besteht darin, dass er auf diese Weise optimal an die zeitlichen Gegebenheiten des Schuljahres angepasst werden kann. Der neue Theaterspielplan beispielsweise könnte neue Schwerpunktsetzungen für das Fach Deutsch bedeuten, besondere Ereignisse und Gedenktage im kommenden Schuljahr neue Themen in den Fokus rücken oder abweichende Zeitpläne erfordern, und auch die Beteiligung an einem Wettbewerb kann Anpassungen mit sich bringen. Mit einem solchen beweglichen Lehrplan – und auch das ist das „Moderne" daran – nimmt Schule Bezug zum „richtigen" Leben.

Am Ende dieser Klausurtagungen steht der Jahresarbeitsplan, der von den Fachbereichsleitungen sicherheitshalber noch einmal gegengelesen wird („… für den Fall, dass jemand die Bruchrechnung vergessen hat!"). Dieser Jahresarbeitsplan bildet die Grundlage für den Terminplan des kommenden Schuljahres.

Seminarfach – neue Formen des Projektunterrichts

Die schulumfassenden Projektwochen sind abgeschafft, Projekttage oder -wochen, Praxisanteile etc. sind an eine oder mehrere Stammgruppen oder einen Jahrgang gebunden. Das hat all die positiven Auswirkungen, die wir uns von diesem Schritt versprochen hatten:

▸ Projekte entstehen aus dem Unterricht und wirken nach.
▸ Sie sind in Durchführung und Präsentation für die Schülerinnen und Schüler überschaubar.
▸ Wenn weniger Klassen, weniger Unterrichtende und weniger Räume vom Projekt erfasst werden, sind solche Projekte organisatorisch leichter zu handhaben. Fachräume (Labors, Computerräume, Sporthallen, Aula etc.) können zum Beispiel einem Jahrgang leichter zugeordnet werden als der ganzen Schule.
▸ „Kleine" Projekte sind leichter planbar, sie werden im Team der durchführenden Gruppen beschlossen und müssen nicht in Gesamtkonferenzen „verabschiedet" werden.
▸ Das heißt auch: Projektunterricht findet einfach häufiger statt und gerät nicht (mehr) in Konkurrenz zum „normalen" Unterricht. Im Gegenteil: Formen des Projektunterrichts werden „normal".

→ weiter auf S. 44

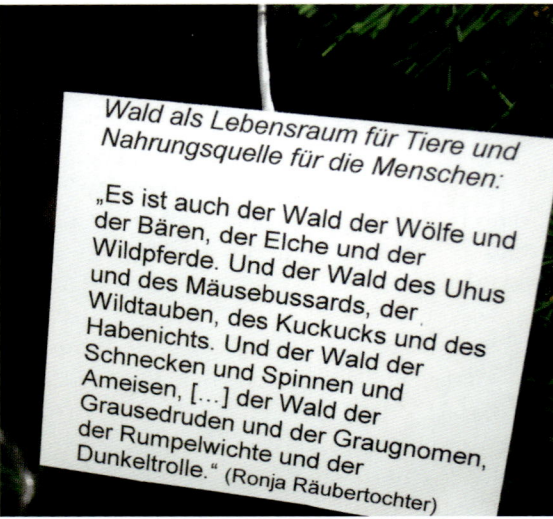

Wald als Lebensraum für Tiere und Nahrungsquelle für die Menschen:

„Es ist auch der Wald der Wölfe und der Bären, der Elche und der Wildpferde. Und der Wald des Uhus und des Mäusebussards, der Wildtauben, des Kuckucks und des Habenichts. Und der Wald der Schnecken und Spinnen und Ameisen, [...] der Wald der Grausedruden und der Graugnomen, der Rumpelwichte und der Dunkeltrolle." (Ronja Räubertochter)

Zum Abschluss des Schuljahres präsentiert der 13. Jahrgang in einer großen Ausstellung seine Arbeit im Seminarfach. Das Thema – in diesem Jahr „Natur" – wird von jedem Profil aus einer anderen Perspektive bearbeitet. Eine Schülerin des Kunstprofils bastelte einen kleinen Brunnen aus Mosaiksteinen; Schüler des Sprachenprofils arbeiteten mit literarischen Texten, in denen die Natur eine Rolle spielt (hier: *Ronja Räubertochter* von Astrid Lindgren). Die von den Schülern vorbereitete Ausstellung wird am ersten Tag durch eine 2-stündige Präsentation eröffnet, bei der die Schülerinnen und Schüler ihre Arbeit vorstellen.

▸ Projektunterricht auf Jahrgangsebene definiert das Profil einer Jahrgangsstufe und tradiert sich im Jahresarbeitsplan.

Anknüpfend an die Erfahrungen der Oberstufe haben wir mit Beginn des Schuljahres 2008/2009 für den Jahrgang 9 das „Seminarfach" eingeführt. Hierbei arbeiten zwei Klassen im Jahrgang betreut von einem Team von drei Lehrkräften zusammen.

Zurzeit prägt die Fächerkombination der Unterrichtenden das Thema, das die Schülerinnen und Schüler der beiden Klassen in Kleingruppen weitgehend selbstständig bearbeiten. Das Thema selbst gewinnt eine andere didaktische Qualität: Wir stellen uns konkrete, fächerübergreifende und ergebnis- oder gar produktorientierte Aufgaben. So bauen zwei Klassen – im Lehrerteam sind die Fächer Gesellschaft, Natur und Technik vertreten – einen Bauwagen für seine Funktion als Informationszentrum in einem schulnahen Naturschutzgebiet aus.

Und während im Seminarfach der Oberstufe die wissenschaftspropädeutische Funktion im Vordergrund steht, wollen wir versuchen, es in den Jahrgangsschwerpunkt „Berufsorientierung" einzubinden. Die Gemeinwesenorientierung kann in den Aufgaben, die man sich vornimmt, praktisch werden, sie ist nicht nur eine Sichtweise. In den Arbeitsformen hat das Seminarfach nach innen auf die beteiligten Klassen und den Jahrgang und nach außen auf das Gemeinwesen eine wichtige soziale Funktion. Und schließlich wird die Schülerpersönlichkeit wachsen, wenn sie Vorhaben, Arbeitsschritte, Probleme und schließlich Ergebnisse präsentiert, sich und ihre Arbeit außerhalb des Klassenraums öffentlich vorstellt.

Die Realisierung des Seminarfachs ist uns schwergefallen. Nach ausführlichen Diskussionen gerade auch in den Jahrgängen, die diese Idee umsetzen wollten, standen wir vor einem externen Widersacher: Unsere Unterrichtsversorgung – sicher nicht nur ein niedersächsisches Problem, sicher nicht nur ein Gesamtschulproblem – verlangte Unterrichtskürzungen und keine neuen Ideen.

Trotz knapper personeller Ressourcen wollten wir diese Form von Unterricht weiterentwickeln und entschieden uns dafür, die Einsparungen an anderer Stelle durchzuführen, um die Entscheidung für das Seminarfach nicht zu gefährden!

Aus der Praxis:
Das „System Robert-Bosch-Gesamtschule" – „Diskurs – Beschluss – Realisierung" – fordert die Umsetzung des beschlossenen Vorhabens, weil sonst sehr leicht Enttäuschung entsteht, wenn man um die Ergebnisse seiner Arbeit betrogen wird. Wenn wir mit Beschlüssen unserer Gremien ein Projekt auf den Weg bringen, darf kein „Mal sehen, was draus wird"-Gefühl entstehen. Deshalb raten wir, beschlossene Vorhaben in jedem Fall auch umzusetzen und sie nicht etwa aus finanziellen Gründen aufzuschieben. Einsparungen oder Streichungen sollten dann eher an anderer Stelle vorgenommen werden.

Modernisierung des Unterrichts

Die Teilnahme an der Expo 2000 als Expo-Schule hatte in vielfältiger Hinsicht eine wegweisende Bedeutung für die weitere Entwicklung der Robert-Bosch-Gesamtschule. In einer Reihe von Projekten beteiligte sich die Schule von Jahrgang 5 bis 13 an der Weltausstellung in Hannover, sei es auf dem Gelände selbst oder im Rahmen von Veranstaltungen in der Schule oder im Kontext der Stadt Hildesheim. Sowohl durch die Zertifizierung als Expo-Projektschule als auch durch die vielen positiven Rückmeldungen in der Öffentlichkeit für die einzelnen Projekte konnte als Bilanz des Unternehmens konstatiert werden, dass die Projektarbeit in der Robert-Bosch-Gesamtschule auf qualitativ hohem Niveau verankert ist. Aber gerade dieser Erfolg hat die Verantwortlichen für die Frage sensibilisiert, ob auch das „zentrale Geschäft" von Schule, der Unterricht, von vergleichbarer Qualität ist.

Außergewöhnliche Ereignisse wie die Teilnahme an einer Weltausstellung setzen Energien frei. Sind diese Energien auch im „Alltagsgeschäft", das heißt im täglichen Unterricht, festzustellen, und falls nicht, lassen sie sich entwickeln?

Im Kollegium, aber auch auf der wichtigen Tagung der Funktionsstelleninhaber in Hustedt im Jahre 2002 (vgl. S. 16) kristallisierte sich als grundlegende Überzeugung heraus, dass im Hinblick auf die Unterrichtsqualität Handlungs- und Entwicklungsbedarf bestehe. Gleichzeitig herrschte aber auch darüber Klarheit, dass hier ein sehr sensibles und komplexes Handlungsfeld anzugehen sei, das auch psychologische Komponenten auf Lehrerseite nicht außer Acht lassen dürfe. Erfahrungen aus dem Referendardienst und daraus resultierende Befindlichkeiten waren ins Kalkül zu ziehen. So mussten Lehrkräfte in Beurteilungssituationen häufig feststellen, dass selbst bei akribischer Stundenvorbereitung in den Nachbesprechungen durch Fachleiter oder Prüfer Stunden „zerpflückt" wurden, und Prüfungsunterricht wurde vielleicht mit einer relativ schlechten Benotung bewertet. Unterrichtsbesuche durch den Schulleiter, die vorgesehen und auch erforderlich sind, tragen immer auch den Charakter der Überprüfung und Kontrolle. Auf der anderen Seite stellen schwierige Lerngruppen aber auch extreme Herausforderungen dar; die Lehrkraft muss vor den Schülern bestehen – und auch vor den Eltern – und ein Scheitern in einer Lerngruppe wird vielleicht im Kollegium als Schwäche interpretiert. Ist es da nicht folgerichtig, dass Kolleginnen und Kollegen sich den Blicken Dritter lieber entziehen und hinter verschlossenen Klassentüren agieren – auch im Interesse des „Selbstschutzes"?

Vor diesem Hintergrund wurden drei prinzipielle Linien entwickelt:

▸ Erstens wird in den Prozess der Entwicklung und Verbesserung der Unterrichtsqualität sehr viel Zeit zu investieren sein. Es wird ein längerer Prozess der Veränderung werden und der Prozess muss sich zu einem Kontinuum entwickeln. Konsequenz: Im Masterplan der Schulentwicklung wird er nicht auf Punkt 1 der „Tagesordnung" gesetzt, sondern als fünfter Arbeitsbereich platziert.

▸ Zweitens wurde als wesentliche Gelingensvoraussetzung der Grundsatz der Freiwilligkeit festgelegt. Der Prozess, der in das berufliche

Klassenunterricht
und Gruppenarbeit
im Fach Deutsch

Kerngeschäft jeder Lehrerin und jeden Lehrers eingreift, kann nicht einfach „von oben" angeordnet werden, sondern bedarf der Akzeptanz der Kolleginnen und Kollegen. Konsequenz: Veranstaltungen sind Angebote, keine Verpflichtungen.

▸ Drittens wird die Arbeit an der Verbesserung des Unterrichts „Kosten" verursachen. Die Schulleitung muss bereit sein, in diesen Bereich zu „investieren", sei es durch materielle Unterstützung im Rahmen von Fortbildungen oder auch durch Unterrichtszeit. Konsequenz: Vertretungen müssen in höherem Maße organisiert, die Zustimmung der Eltern bzw. des Schulelternrates sollte vorhanden sein.

Vor diesem Hintergrund begann die Arbeit am Handlungsfeld „Verbesserung der Unterrichtsqualität" an der Robert-Bosch-Gesamtschule, Hildesheim, und zwar unabhängig von PISA oder anderen Studien. Dies ist wesentlich, denn ein Reformprozess, der von innen kommt, auf eigenen Analysen und Diagnosen basiert, wird eher von den Kolleginnen und Kollegen mitgetragen als eine von außen der Schule diktierte Reformvorgabe.

Aus der Praxis:
Die Akzeptanz gegenseitiger Unterrichtshospitationen lässt sich im Kollegium unter anderem dadurch erhöhen, dass man den Kolleginnen und Kollegen Vorteile für ihre Arbeit verdeutlicht, das Projekt mit

Fortbildungsangeboten verknüpft, sich hinsichtlich der Themen an den Bedürfnissen des Kollegiums orientiert sowie auch Flexibilität in der Terminierung des Projektes zeigt – Zeiten hoher Korrekturbelastungen oder Phasen der Zeugniserstellung und -ausgabe können hier kontraproduktiv wirken!

Ziele und Rahmenbedingungen einer Unterrichtsmodernisierung

Auch wenn die Frage „Was ist guter Unterricht?" sehr unterschiedlich beantwortet wird, so haben sich in den einschlägigen Stellungnahmen der vergangenen Jahre einige Grundlinien herausgebildet. Nicht mehr der lehrerzentrierte Unterricht wird als Leitmodell betrachtet, sondern ein Unterricht, dem eine demokratische Unterrichtskultur zugrunde liegt, der auf sinnstiftende Orientierung angelegt ist und die Kompetenzentwicklung aller Schülerinnen und Schüler als Ziel verfolgt, um hier nur einige zu nennen. Dass dies wesentlich nur dadurch erreicht werden kann, dass Unterricht klar strukturiert ist, Lern- und Arbeitsformen variabel gestaltet sind, selbstgesteuertes Lernen unterstützt wird, Lösungswege gemeinsam gesucht werden können und so weiter – all dies sind nur einige willkürlich ausgewählte Komponenten aus einer Vielzahl von Kriterien guten Unterrichts, die in der Literatur zur Unterrichtsmethodik und Unterrichtsdidaktik der letzten Jahre nachzulesen sind.

Ganz im Sinne neuerer Erkenntnisse zu moderner Unterrichtskonzeption geht es der Robert-Bosch-Gesamtschule in ihrem Bemühen, die Unterrichtsqualität zu verbessern, um eine neue, veränderte Rollenverteilung bei Lernprozessen in der Schule. Auf der einen Seite sollen die Lehrkräfte den Lernprozess weniger direkt steuern denn mehr moderieren. Diese neue Rolle soll durch neue Kooperations- und Hospitationsformen entwickelt und stetig verbessert werden. Die Schülerinnen und Schüler ihrerseits sollen mehr Selbstverantwortung für ihren individuellen Lernprozess übernehmen. Dies soll geschehen über ein systematisches Methodentraining, über Langzeitaufgaben, über erfahrungs- und praxisorientiertes Lernen sowie Lernen an außerschulischen Lernorten. Unterrichtsqualität ist insofern ein Anspruch an die Lehrkräfte ebenso wie an die Schülerinnen und Schüler.

Die Robert-Bosch-Gesamtschule arbeitet als Team-Schule, der organisatorische Kern ist das Jahrgangsteam. In ihrer fachlichen Arbeit werden die Lehrkräfte durch die Fachbereiche unterstützt, die für die Koordination und Vernetzung der Unterrichtseinheiten verantwortlich sind. Direkt auf den Unterricht bezogen ist die *Jahrgangsfachkoordination*, die ein Forum für die Abstimmung und Planung von Unterrichtseinheiten sowie für deren stetige Revision ist. Des Weiteren leistet sie auch die Erstellung verbindlicher fachlicher Arbeitspläne (die unter anderem den Anforderungen der neuen Kerncurricula entsprechen) und gemeinsamer Aktivitäten sowie den Austausch von Materialien innerhalb eines Jahrgangs. Zur Stärkung dieser Arbeit wurden vor drei Jahren diese Strukturen evaluiert und optimiert. Für die vernetzte Projektarbeit, Praxistage und die Implementierung des Methoden-Curriculums sind die Jahrgangsteams zuständig: Diese setzen sich aus jeweils 12 Lehrkräften zusammen (pro Jahrgang 6 Klassen mit je 2 Klassenlehrern, möglichst männlich und weiblich). Es gibt dafür Unterstützung durch Bereitstellung von Lehrerarbeitszeit für Klausurtagungen der Jahrgänge sowie Doppelbesetzungen zum Team-Teaching bei Praxis-, Projekt- und Methodentagen. Als Instrument dafür haben die *Jahrgangsteams* mit Beginn des Schuljahres 2005/2006 die Aufgabe übernommen, für das jeweilige Schuljahr einen Jahresarbeitsplan zu entwickeln (vgl. S. 33). Voraussetzung dafür waren zunächst sowohl die Verabschiedung unseres Leitbildes als auch der auf dieser Grundlage revidierte „Moderne Lehrplan".

Durchführung von kollegialen Unterrichtshospitationen an der Schule

Am Anfang der Entwicklung standen kleine Einzelinitiativen, die jedoch von der Arbeitsstruktur der Robert-Bosch-Gesamtschule geprägt waren, den Jahrgangsteams. Teams der Stufe 5/6 haben sich zu selbstgewählten Themen in kleinen Gruppen zusammengefunden und sich gegenseitig „anhospitiert". Wichtig war jedoch, dass die Schulleitung dies über Vertretungsunterricht dort, wo er erforderlich wurde, mitgetragen hat und dass auch Nachbesprechungen zu den Stunden ermöglicht wurden.

Von diesen „kleinen Keimzellen" der kollegialen Hospitation ausgehend wurde dann im Schuljahr 2004/2005 ein erster flächendeckender Versuch der Implementierung des Vorhabens im Kollegium unternommen. Ausgangspunkt war hier das inzwischen flächendeckend vorhandene Methodenlernen von den Jahrgängen 5–13.

Erstmals wurde versucht, das gesamte Kollegium anzusprechen und für die Bildung von Hospitationsringen zu gewinnen. Die jeweilige

Bericht über die Durchführung der ersten umfassenden Hospitation

Der folgende kurze Bericht über die Durchführung dieser ersten umfassenden Hospitation soll das im Projekt fassbare Klima illustrieren:

„Überall herrschte eine angeregte Arbeitsatmosphäre und Geschäftigkeit. Gleich am nächsten Tag, dem Donnerstag, wurde die gemeinsame Planung auf ihre Praxistauglichkeit überprüft. Die Schülerinnen und Schüler staunten über die ‚Lehrerschwemme‘, denn (fast) alle Lehrkräfte beteiligten sich an dieser für alle neuen Form der Fortbildung. In kleinen Praxisteams zu zweit, zu dritt oder zu viert wurde in allen Stammgruppen der Sekundarstufe I gleichzeitig eine Unterrichtssequenz von 60 Minuten durchgeführt.

In manchen Klassen unterrichteten einige Kollegen der Vorbereitungsgruppe im Team, während in anderen ein Kollege den Unterricht durchführte, der die Schüler kannte. Die übrigen Kollegen beobachteten das Unterrichtsgeschehen und notierten, welche Unterrichtsschritte ihrer gemeinsamen Planung gut gelangen und welche noch einer Überarbeitung bedurften.

Unmittelbar im Anschluss daran wurde der Praxisversuch in den Fachworkshops reflektiert und ausgewertet.

Während dieser Reflexionsphase arbeiteten alle Schüler der Sekundarstufe I in ihren Räumen still an vorher gestellten Aufgaben. Schüler aus dem 11. Jahrgang führten derweil Aufsicht und wurden dabei unterstützt von etlichen pensionierten Kollegen, die sich eigens dafür Zeit genommen hatten. Durch diese Organisationsform brauchte kein Unterricht auszufallen.

Die abschließende Auswertung ergab, dass eine überwiegende Mehrheit des Kollegiums diese Fortbildung als sinnvoll und ergiebig einschätzte. Die gemeinsame konkrete Unterrichtsvorbereitung und Unterrichtsdurchführung machte nicht nur viel Spaß, sondern war durch die vielen Anregungen für die eigene Arbeit auch effektiv und nützlich.“

(Aus: Bausteine der Schulentwicklung, Qualitätsbereiche und Handlungsfelder, RBG Selbstverlag, Hildesheim ²2008, S. 49)

inhaltliche und methodische Akzentsetzung blieb der Gruppe vorbehalten. Die Gruppen sollten sich an dem Thema „Selbstständigkeit" orientieren.

Aus der Praxis:
Nicht das ganze Kollegium lässt sich sofort bereitwillig auf kollegiale Unterrichtshospitationen ein. Eventuell bestehende Hemmungen lassen sich aber durchaus abbauen. Dazu einige Tipps: Eine Möglichkeit besteht darin, in Fachgruppen für Hospitationen zu werben. Zögernde Kolleginnen oder Kollegen kann man durch persönliche Ansprache ermutigen. In den einzelnen Fächern bereits bestehende persönliche Kontakte lassen sich bei der Bildung von Gruppen nutzen. Positiv auswirken kann sich auch, wenn Inhaber von Funktionsstellen oder sogar der Schulleiter selbst in ihren Unterricht einladen und so den eigenen Unterricht vorstellen (das gute Beispiel macht Schule).

Dieser Weg der kollegialen Hospitationsvereinbarung hat einen ganz entscheidenden Vorteil im Sinne der Schaffung positiver Grundvoraussetzungen. Er nimmt den gegenseitigen Unterrichtsbesuchen den Charakter der Überprüfung und ermöglicht, ohne dass damit sofort Schulleitung als „dienstvorgesetzte Institution" ins Spiel kommt, gegenseitige Beratung und Unterstützung.

Konkret kann eine Hospitation nach folgendem Fahrplan ablaufen: Die Hospitationsgruppe sucht einen geeigneten Unterrichtstermin, eine Kollegin, ein Kollege führt Unterricht zu der verabredeten Thematik oder Methode durch, die anderen Gruppenmitglieder beobachten, die Gesamtgruppe tauscht sich entweder direkt im Anschluss oder zu einem anderen selbst definierten Zeitpunkt über den Unterricht aus.

Auf der Basis dieser Erfahrungen folgte die Gesamtkonferenz dem Vorschlag der zwischen-

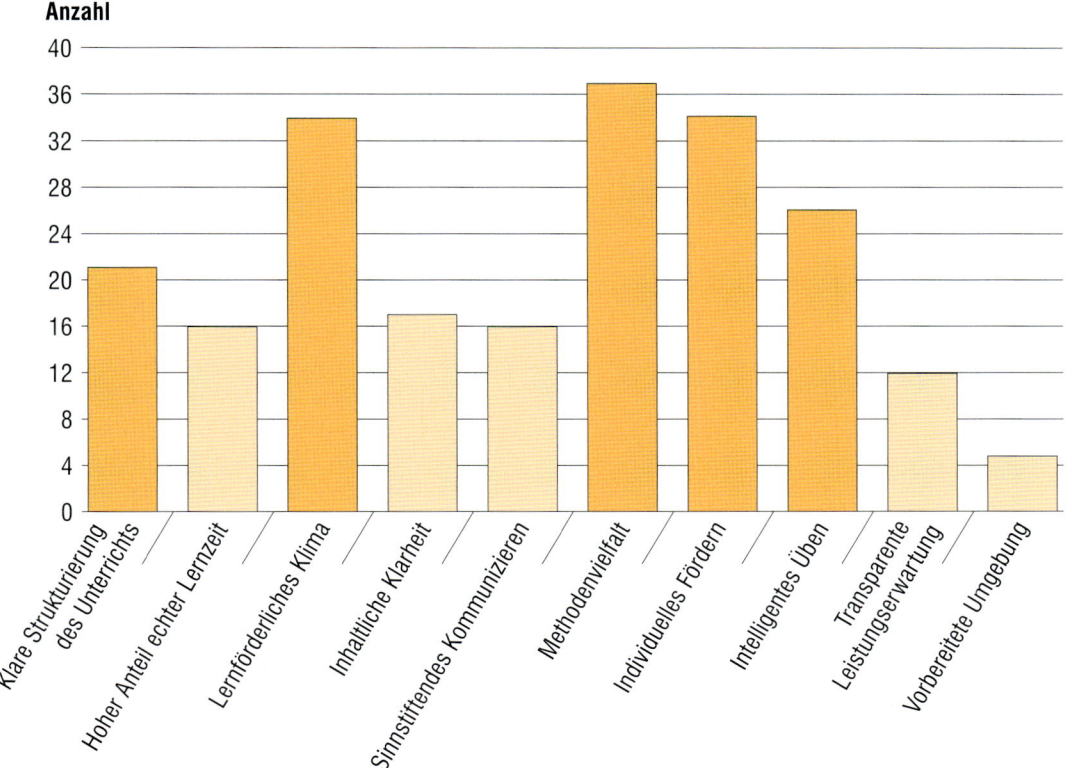

Anzahl

Ergebnis der Kollegiums-
befragung: „Nennen Sie
maximal drei Kriterien
für guten Unterricht,
die Ihnen wichtig sind."

zeitlich eingerichteten Arbeitsgruppe bzw. Steuergruppe „Unterrichtsqualität", die Hospitationsringe im Schuljahr 2005/2006 fortzusetzen.

Der zweite Durchgang, vorbereitet von der eingesetzten Steuergruppe, war durch eine Weiterentwicklung gekennzeichnet. Jetzt sollte eine stärkere inhaltliche Steuerung erfolgen, dies jedoch unter Einbeziehung der Kolleginnen und Kollegen. Angelehnt an den Kriterienkatalog für guten Unterricht von Hilbert Meyer wurde das Kollegium befragt, welche inhaltlichen Schwerpunkte auf der Basis der Kriterien Meyers für den neuerlichen Hospitationsdurchgang gesetzt werden sollten. Jeweils drei Aspekte konnten von jedem Mitglied des Kollegiums, das an der Umfrage teilgenommen hat, benannt werden. Wie das folgende Schaubild zeigt, hat sich als Ergebnis herausgestellt, dass die folgenden Aspekte die höchste Priorität hatten: Methodenvielfalt, individuelles Fördern, lernfreundliches Klima, iIntelligentes Üben, klare Strukturierung des Unterrichts.

Auf der Basis des Befragungsergebnisses wurden dann fünf Hospitationsgruppen gebildet, die sich wieder in Untergruppen für die Durchführung der Hospitation aufteilen konnten. Im weiteren Verlauf wurden unter Leitung von externen Experten fünf Workshops zur Fortbildung bezüglich der angewählten Qualitätsmerkmale durchgeführt. In je drei Zeitfenstern erfolgten in Dreierteams die gegenseitigen Unterrichtshospitationen, denen sich im März 2007 die Evaluation anschloss.

In einer Punktabfrage konnten sich die Kolleginnen und Kollegen zu den Workshops äußern, zu der Atmosphäre in den Hospitations-

Fragebogen zur Evaluation einer Hospitation
An die Fachbereichsleitung:

Teilnehmer: Fach/Jahrgang:	
Thema/Gegenstand:	
Hinweise/Anregung fachliche Aspekte:	
Hinweise/Anregung methodische Aspekte:	
Bedarf Fortbildung:	

Fragebogen als Rückmeldung zu einer durchgeführten Hospitation

gruppen und zum Nutzen der Hospitationen für den eigenen Unterricht. Als Ergebnis ist festzustellen, dass sich die kollegiale Hospitation als die bisher ertragreichste und erfolgreichste Fortbildungsstruktur erwiesen hat, insofern sie bedeutet, gegenseitig die Türen zu öffnen, Kolleginnen und Kollegen an der jeweiligen Methoden- und Fachkompetenz teilhaben zu lassen und – dies ist besonders wichtig – kollegial und partnerschaftlich im jeweiligen Team gegenseitig voneinander zu lernen. Kolleginnen und Kollegen unterstreichen dies, wenn sie als positiv herausstellen, dass durch Einblicke in anderen Unterricht der Blick für den eigenen Unterricht geschärft wird, das eigene didaktische und methodische Handeln weiterentwickelt wird und sich damit ein kontinuierlicher Entwicklungsprozess der Unterrichtsqualität ergibt.

Am Ende des Hospitationsdurchganges stand eine pädagogische Großveranstaltung des Kollegiums und von Eltern- und Schülervertretern unter Beteiligung einer Hamburger Erziehungswissenschaftlerin, die am Vormittag am Unterricht verschiedener Gruppen teilgenommen hatte und Hinweise zur systematischen Gestaltung guten Unterrichts in die Diskussion einbrachte.

Hier erfolgte auch eine kritische Revision dieses Hospitationsdurchganges.

Im Schuljahr 2007/2008 wurde dann versucht, eine noch engere Verknüpfung des Projektes „Kollegiale Hospitation" mit der Gremien- und Konferenzstruktur der Schule zu erreichen, das heißt, die Anbindung an die Fächer und Fachkonferenzen zu institutionalisieren. Die Kolleginnen und Kollegen haben sich einem ihrer jeweiligen Fächer zugeordnet. Von den Fachkonferenzen bzw. von den Jahrgangsfachkoordinationen her wurden die Fachaspekte für die Hospitation festgelegt. Entscheidend für diesen Durchgang war das Bemühen, Resultate der Hospitation in das „Fachkollegium" zu transportieren.

Diesem Ziel dienten die Fachkonferenzen des 2. Halbjahres, auf denen exemplarisch die Ergebnisse vorgestellt werden konnten. Die einzelnen Hospitationsgruppen haben an die Fachbereichsleitungen ihre Ergebnisse mithilfe eines einfachen Fragebogens zurückgemeldet. Die Leitungen konnten die Ergebnisse bündeln und in den Konferenzen vorstellen. Hier bestand und besteht auch die Möglichkeit, Beispiele aus der Arbeit der Gruppen zu präsentieren.

Auch dieser Durchgang hat mit 85% Teilnahme des Kollegiums den hohen Akzeptanzgrad des Projektes gezeigt. Aus organisatorischen Gründen können nicht wirklich alle Kolleginnen und Kollegen an einem Hospitationsdurchgang teilnehmen, es ist uns aber auch wichtig, dass sich niemand zu einer Teilnahme „gedrängt" fühlt.

Der aktuelle Hospitationsdurchgang des Schuljahres 2008/2009 widmet sich dem Thema „Kooperatives Lernen im Unterricht" und wird einen weiteren Schritt in der Qualitätsentwicklung und Modernisierung des Unterrichts an der Robert-Bosch-Gesamtschule darstellen.

SCHRITT 1:
Vorstellung der Jahresthematik
auf der Fachkonferenz/Fachkoordination
August/September

SCHRITT 2:
Zuordnung der Lehrkräfte zu Hospitationsgruppen
Bildung der Gruppen
August/September
Fachkonferenzen

SCHRITT 3:
Impulsveranstaltung zur Jahresthematik
(Vorträge oder Workshops)
Oktober – Dezember
Vorbereitung durch Steuergruppe

SCHRITT 4:
Durchführung der Hospitationen
Verknüpfung mit Fachkonferenz
Januar – März

SCHRITT 5:
Auswertung des Hospitationsprojektes
Vorplanung des neuen Projektes
April – Juli
Steuergruppe/Didaktisches Team, Fachbereichsleiter

Organisation/
Begleitung

durch

die

Steuergruppe

in

Kooperation
mit den

**Fachbereichs-
leitungen**

mit dem Didaktischen Team aufgenommen, ausgewertet und zu einem Leitthema für das neue Schuljahr zusammengefasst. Auf den Jahrgangsfachkoordinationen und auf der ersten Fachkonferenz des Schuljahres wird dann die Jahresthematik der Hospitationen präsentiert und die Organisation für die Bildung der Hospitationsgruppen aufgezeigt. Diese beiden ersten Schritte werden in den beiden ersten Monaten eines Schuljahres durchgeführt.

Aus der Praxis:
Die Ausrichtung der in einem Schuljahr durchgeführten Hospitationen an vorher festgelegten Themen kann mehrere Vorteile haben: Sie ermöglicht eine an den Bedürfnissen der Kolleginnen und Kollegen orientierte Akzentsetzung; sie erlaubt es, gezielt in der Unterrichtsgestaltung erkannte Probleme in Angriff zu nehmen; und sie lässt eine präzisere Steuerung von Fortbildungsangeboten zu, die wiederum der Attraktivität des Gesamtprojektes förderlich sind.

Von entscheidender Bedeutung für die inhaltliche Qualität der Arbeit ist dann Schritt 3, der aus einer Impulsveranstaltung oder mehreren Workshops bestehen kann, in deren Rahmen das Kollegium von externen Fachleuten in die Thematik eingeführt wird. Diese Veranstaltungen

Organisation
der kollegialen
Hospitation

Zur Organisation der kollegialen Hospitation

Aus den bisher durchgeführten Hospitationsdurchläufen hat sich eine Arbeitsstruktur herausgebildet, die es ermöglicht, innerhalb der Schule einen ständigen Prozess der Modernisierung von Unterricht und der Verbesserung von Unterrichtsqualität zu gewährleisten. Das oben stehende Schaubild soll diesen Prozess und den Arbeitsablauf im Rahmen eines Schuljahres illustrieren.

Thematische Impulse/Anregungen aus den Fächern oder Gremien der Schule werden von der bestehenden Steuergruppe in Verbindung

Themen bisher durchgeführter oder geplanter Hospitationsdurchgänge

▸ Selbstständigkeit der Schüler im Unterricht
▸ Methodenvielfalt im Unterricht
▸ Üben im Unterricht
▸ Kooperatives Lernen im Unterricht

können in einem zeitlichen Rahmen von Oktober bis Dezember angesetzt werden, je nach Terminlage der Referenten aber auch durchaus noch im Januar. Die eigentliche Durchführung der Hospitationen geschieht in den Monaten Januar bis März.

Aus der Praxis:

Wie kollegiale Hospitationen am besten durchgeführt werden, muss jede Schule natürlich für sich entscheiden. Hier einige Tipps aus unserer Hospitationspraxis: Unsere Kolleginnen und Kollegen legen Termine fest für die Hospitation und die Nachbesprechung. Diese Termine werden an die Organisationsleitung „Stundenplan" gemeldet, die bei Bedarf für die Gewährleistung von Vertretungsunterricht sorgt, um das Gesamtprojekt zu unterstützen. Die Hospitationsgruppe verständigt sich eventuell im Vorfeld über konkrete Beobachtungsaspekte. Die Gruppe bespricht die besichtigte Unterrichtsveranstaltung – aber nicht im Sinne von individueller Kritik, sondern in Ausrichtung an der Beobachtungsthematik. Ideal wäre, wenn die Gruppe in einer Fachkonferenz ihre positiven Ergebnisse vorstellt oder sie in anderer Form an das Kollegium weitergibt. Es werden selbstverständlich nur gelungene „Projekte" vorgestellt – Hospitationen sollen nicht Anlass für Peinlichkeiten sein, sondern gute Ideen vermitteln.

Wichtig für das Gelingen des Gesamtvorhabens ist, dass nach Durchführung der Hospitationen (hierfür sollten die Monate Februar/März vorgemerkt werden) die Ergebnisse verbreitet werden, das heißt in das Kollegium transportiert werden. Auch hierzu werden wieder die Fachkonferenzen als Plattform genutzt. Sie bieten – bei entsprechender Terminierung in die Monate März/April – die Gelegenheiten zur exemplarischen Vorstellung neuer Einsichten oder Unterrichtspraktiken, zum Austausch von Erfahrungen und positiven oder negativen Rückmeldungen.

Auch eine Auswertung des Projektes durch eine Kollegiumsbefragung im Rahmen einer Gesamtkonferenz ist empfehlenswert und wichtig für eventuelle Korrekturen.

Die Ergebnisse und Rückmeldungen der Fachkonferenzen und der Kollegiumsbefragung können als Grundlage für die abschließende Behandlung der Thematik in der Steuergruppe und im Didaktischen Team gegen Ende des Schuljahres genutzt werden. Hier bieten sich dann die Möglichkeiten zu Modifikationen im Ablauf oder in der Form, weiterhin können auch die Themenvorschläge für das darauf folgende Schuljahr formuliert werden. Es muss allerdings gewährleistet werden, dass zwischen der Steuergruppe und dem Didaktischen Team ein Informationsaustausch stattfindet. Dies kann nur über Personen erfolgen, die sowohl der Steuergruppe als auch dem Didaktisch-Pädagogischen Gremium angehören. An der Robert-Bosch-Gesamtschule sind dies der Stellvertretende Schulleiter und der Koordinator der gymnasialen Oberstufe.

Insgesamt ist davon auszugehen, dass das Element der kollegialen Hospitation im Kollegium gut verankert ist. Der hohe Grad der Beteiligung ist hier ein eindeutiger Indikator. Wie ist er erreichbar? Hier gibt es sicher keine generell zutreffende Antwort. Voraussetzungen und Faktoren des Gelingens sind vielfältig. Dazu gehört Aufgeschlossenheit des Kollegiums gegenüber methodischen, didaktisch-fachlichen und pädagogischen Weiterentwicklungen. Voraussetzung zum Gelingen ist auch eine kollegiale Atmosphäre, die aus einer Tradition der Kooperation erwachsen ist. Diese kann sicher nicht verordnet werden, eher muss mit Vorteilen und Vorzügen geworben werden.

Kolleginnen und Kollegen, die sich in einer Steuergruppe engagieren, sorgen dafür, die Bedürfnisse, Interessen und Stimmungen des Kollegiums zu berücksichtigen. Sind diese Voraussetzungen gegeben oder haben sich entwickelt, dann kann das Projekt eine feste Organisationsstruktur erhalten, die damit die Weiterarbeit und – ganz entscheidend – Kontinuität gewährleistet. Wünschenswert und notwendig ist, dass aus der gemeinsamen Unterrichtsbeobachtung eine kollegiale Unterrichtsvorbereitung erwächst.

Schülerfeedback: Die Schülerinnen und Schüler werden eingebunden

Wenn die Robert-Bosch-Gesamtschule an der Entwicklung von Unterrichtsqualität arbeitet oder gearbeitet hat, so hat sie aber immer weitere Aspekte von Unterricht über den Unterricht im Klassenraum hinaus im Blick gehabt. Dazu hat sie sich natürlich der Vorarbeiten anderer Schulen bedient, aber auch selbst Konzepte erarbeitet. Neben dem systematischen Methodentraining und der Nutzung außerschulischer Lernorte durch Praktika gehört dazu auch die Entwicklung eines Feedbacks für die Kolleginnen und Kollegen durch ihre Schülerinnen und Schüler. Gerade dieses Schülerfeedback ist eine wesentliche Ergänzung zur kollegialen Hospitation, insofern als sich hier Indikatoren ergeben für den Veränderungs- und Korrekturbedarf des individuellen Unterrichts.

Alltag in der Schule ist es, dass die Lehrkräfte ihren Schülerinnen und Schülern Rückmeldungen über ihre Arbeit geben. Dies geschieht in Form von Ziffernnoten oder Lernentwicklungsberichten. Jede korrigierte Arbeit, jede mündliche Beurteilung stellt eine Rückmeldung dar. Rückmeldungen in umgekehrter Richtung blieben in Schulen allerdings eine Ausnahme. Für einen besseren Unterricht sind aber auch für den Unterrichtenden Hinweise auf seine Arbeitsformen durch seine Adressaten, die Schülerinnen und Schüler, erforderlich.

Im 11. Jahrgang der gymnasialen Oberstufe wurde im Schuljahr 2004/2005 erstmals – nach Vorstellung in der Stufenkonferenz und wiederum auf freiwilliger Basis – ein Fragebogen eingesetzt, mit dem sich die Kolleginnen und Kollegen eine Rückmeldung über ihren Unterricht bei ihren Schülerinnen und Schülern einholen konnten. Vertreter der Schülerinnen und Schüler waren an der Erstellung der Fragebögen beteiligt. Anregungen für die Entwicklung von Feedbackbögen können Beobachtungsbögen aus Studienseminaren, Kriterien der Schulinspektion oder Beispiele aus der Fachliteratur bieten.

Wurde dieser Fragebogen zunächst eher vereinzelt eingesetzt, so fand dieses Vorbild dennoch nach der Anlaufphase eine immer zahlreichere Nachahmung. Nach einer erneuten Thematisierung in der Stufenkonferenz der gymnasialen Oberstufe und in der Stufe 5–7 sowie der Stufe 8–10 und nach einer Beratung in der Gesamtkonferenz werden die Fragebögen seit dem Schuljahr 2007/2008 flächendeckend eingesetzt, und dies mit einem Akzeptanzgrad, der inzwischen bei etwa zwei Dritteln liegt.

Aus der Praxis:
Auch hier gilt wieder der Grundsatz: „Keine Maßnahme von oben verordnen!" Lieber in kleinen „Dosierungen" starten, Zeit zum Abbau von Widerständen im Kollegium lassen. Die Sache als solche muss überzeugen.

Für dieses Projekt und seinen Erfolg ist dann von zentraler Bedeutung, dass die ausgewerteten Fragebögen bei der Lehrkraft verbleiben, also keine Kontrolle von oben erfolgt. Inhaltlich wichtig und für das Gelingen erforderlich ist das Gespräch, das sich zwischen der Lehrkraft und

Schülerfragebogen der Jahrgänge 5 bis 6

von _____ Stammgruppe: _____

Fach: _____

		++	+	0	–	– –
1	Ihr Unterricht ist gut vorbereitet.					
2	Sie sorgen für Ruhe und Ordnung zum Lernen.					
3	Sie sprechen mit uns über den Sinn der Unterrichtseinheiten.					
4	Sie erklären so verständlich und klar, dass ich alles gut begreifen kann.					
5	In Ihrem Unterricht wird die Zeit gut genutzt.					
6	Durch Ihren Unterricht habe ich schon viel Neues gelernt.					
7	Sie sind auch dann geduldig, wenn ich mal länger brauche, um etwas zu verstehen (zu bearbeiten).					
8	Ihr Unterricht bietet mir auch dann Stoff, wenn ich schneller lerne als meine Klassenkameraden.					
9	Ihr Unterricht ist interessant.					
10	Ihr Unterricht ist abwechslungsreich.					
11	In Ihrem Unterricht herrscht eine freundliche und entspannte Stimmung.					
12	Sie loben und ermutigen mich.					
13	In Ihrem Unterricht muss ich keine Angst haben, Fehler zu machen.					
14	Ich kann Sie jederzeit um Hilfe bitten.					
15	Ich weiß genau, was Sie von mir erwarten.					
16	Sie geben mir regelmäßig Auskunft über meine Leistung.					
17	Ich fühle mich von Ihnen gerecht und fair beurteilt.					
18	Ich weiß, dass ich auch mit Problemen zu Ihnen kommen kann, die nicht direkt mit dem Unterricht zu tun haben.					

Wenn du noch etwas zu meinem Unterricht sagen möchtest:

_____

_____

_____

_____

Schülerfragebogen der Jahrgänge 8 bis 10

Zum Unterricht bei Herrn/Frau _____

Fach: _____ Klasse/Kurs: _____

		++	+	0	–	– –
1	Der Lehrer/die Lehrerin ist gut vorbereitet und weiß, was er/sie in der Stunde mit uns machen will.					
2	Er/sie fordert und fördert sowohl die schwächeren als auch die stärkeren Schüler.					
3	Im Unterricht wechseln verschiedene Arbeitsformen (Partnerarbeit, Gruppenarbeit, Stillarbeit).					
4	Er/sie macht deutlich, was er/sie von uns erwartet.					
5	Die Lehrinhalte werden klar und verständlich formuliert.					
6	Er/sie erklärt, warum beziehungsweise wofür die Unterrichtsinhalte wichtig sind.					
7	Der Unterricht wird zum allergrößten Teil mit dem Erarbeiten und Lernen der Inhalte verbracht.					
8	Im Unterricht herrscht eine Atmosphäre, in der man gerne lernt.					
9	Die Übungen im Unterricht sind sinnvoll und motivierend.					
10	Die Notengebung ist gerecht und nachvollziehbar.					

Freie Äußerung
Der Unterricht bei Frau/Herrn …

_____

_____

_____

_____

den Schülerinnen und Schülern auf der Basis der Rückmeldung anschließen soll. Für die Verbesserung der Unterrichtsqualität ist wiederum gewünscht und gut, dass besonders im Hinblick auf negative Rückmeldungen in den Fragebögen oder im Gespräch Folgerungen für die Unterrichtsgestaltung seitens der Lehrkräfte gezogen werden.

Aber auch hier gibt es bisher kein regulierendes Eingreifen der Schulleitung. Bis auf Weiteres geht der Appell an die Selbst- und Eigenverantwortung der Lehrkraft, ein Optimum an Unterrichtsqualität anzustreben und dabei die Ergebnisse der Fragebögen zu berücksichtigen.

Als Orientierung für die Gestaltung eines Fragebogens sind hier die Feedback-Fragebögen der Stufen 5 – 7 und 8 – 10 sowie der Fragebogen der gymnasialen Oberstufe aufgeführt. Die Gestaltung der Bögen spiegelt auch die Entscheidung wider, in einer Schule unterschiedliche, von den Formulierungen her an das Alter angepasste Bögen zuzulassen.

Schülerfragebogen der gymnasialen Oberstufe (Jahrgänge 11 bis 13)

Zum Unterricht bei Herrn/Frau _____

Fach: _____   Klasse/Kurs: _____

		++	+	0	–	– –
1	Die Ziele und Inhalte des Unterrichts sind klar erkennbar („roter Faden").					
2	Im Unterricht ist eine Struktur erkennbar, z.B. Einstieg/Erarbeitung/Ergebnis-Sicherung.					
3	Der Unterricht wird abwechslungsreich gestaltet (wechselnde, effizient eingesetzte Methoden und Sozialformen).					
4	Die Aufgaben werden klar gestellt.					
5	Der Lehrer würdigt die Hausaufgaben.					
6	Die zur Verfügung stehende Unterrichtszeit wird effektiv genutzt. Der Anteil echter Lernzeit ist hoch. Der Unterricht beginnt und endet pünktlich.					
7	Der Lehrer versucht, die Schüler mit ihren Schwächen und Stärken individuell zu fördern (unterschiedliche Aufgabenstellungen, spezielle Gruppenzusammensetzungen).					
8	Der Lehrer schafft Freiräume und die Möglichkeit für die Schüler, eigene Gedanken und Vorstellungen in den Unterricht einfließen zu lassen.					
9	Der Lehrer drückt sich verständlich und hinsichtlich des Unterrichtsgegenstandes angemessen aus.					
10	Der Lehrer ist Manager des Unterrichts, der nahezu alles registriert und kontrolliert, auch wenn er nicht sofort auf alles reagiert.					
11	Der Lehrer geht respektvoll und gerecht mit den Schülern um.					
12	Der Lehrer macht seine Leistungsbewertung transparent.					
13	Der Lehrer spricht mit seinen Schülern über den persönlichen und gemeinsamen Arbeitsprozess.					

Eigene Kommentare zu den oben stehenden Punkten und abschließende Bemerkungen:

_____

_____

_____

_____

Keine Angst vor Schülerfeedback: An der Schule werden Fragebögen an die Schüler ausgeteilt, die inhaltlich und sprachlich an die verschiedenen Schulstufen angepasst sind (links).
Im Schuljahrbuch berichtete ein Lehrer über diese Form der „Kundenorientierung" (unten).

„Der Unterricht ist cool, machen Sie ruhig so weiter!"

Jeder kennt das, im Hotelzimmer findet man auf dem kleinen Schreibtisch neben dem Fernseher eine Mappe des Hauses: Das Menü, die Telefonnummern, Hinweise zur Region, einen Kugelschreiber und manchmal auch einen kleinen Zettel. "Waren Sie mit unserem Service zufrieden, hat Ihnen das Zimmer gefallen, haben Sie Verbesserungsvorschläge?" Den kleinen Zettel legt man beiseite, den Kugelschreiber steckt man ein, das war's. Anders hingegen, wenn man eine Beschwerde hat: Die Geschäftsleitung wird verlangt, lange Briefe werden geschrieben, in der Hotelkette wird man nicht mehr buchen!

Moderne Dienstleistungsbetriebe holen Kunden-Feedbacks ein, um ihre Leistungen zu verbessern und wettbewerbsfähig zu sein, aber auch um Ärger zu vermeiden. Ist die Schule eigentlich auch ein Dienstleistungsbetrieb? Sind unsere Eltern und Schüler Kunden? Nehmen wir einmal an, es wäre so: Dann würden wir abfragen müssen, wie es mit der Zufriedenheit eigentlich steht. Was könnten unsere Kunden erwarten, was würde Sinn machen, wie könnte Ärger vermieden werden?

Also entstand an unserer Schule ein Fragebogen: Ist der Unterricht spannend? Kann man viel lernen? Wie ist die Lernatmosphäre? Werden die Schüler ermutigt und gelobt? Wird den Schülern geholfen, gibt es Rückmeldungen?

Mit gemischten Gefühlen teile ich einen Feedback-Bogen in zwei Lerngruppen aus, anonym, einige schreiben trotzdem ihren Namen darauf. Meine Schüler sind ernsthaft und interessiert bei der Sache, jeder hat nun die Möglichkeit der Schule sein Befinden und Empfinden mitzuteilen.

Mit Erleichterung stelle ich die Auswertung zusammen: Noch mal gut gegangen, in den wesentliche Punkten ist der Service wohl akzeptiert, an zwei Stellen entstand Diskussions- und Handlungsbedarf.

Was ich von solchen Feedbacks halte? Nun ja, Schule ist natürlich nicht mit einem gewerblichen Dienstleistungsbetrieb zu vergleichen, schließlich ist die Kommune der Träger und wir haben nun einmal eine Schulpflicht, zudem gibt es wie im Hotel auch Gäste, die reichlich Ärger machen können. Aber eines ist sicher: Unsere Schüler und Eltern nehmen wahr, dass wir es ernst meinen, dass wir uns für ihre Bedürfnisse und Wünsche wirklich interessieren und es tut sicherlich gut zu wissen, dass man an seinem Lern- und Lebensort seine Meinung äußern darf und dass sich dadurch vielleicht auch ein bisschen zum Positiven verändert. Also weiterhin für einen guten Dialog mit der Kundschaft!

Thomas Beyerling

Wichtig ist es, diese Fragebögen ebenfalls einer Revision zu unterziehen, das heißt sie jeweils auf ihre Verständlichkeit für die Zielgruppe hin zu prüfen, aber auch im Hinblick auf die inhaltliche Akzentsetzung der Kriterien. Dies erfolgt im Schuljahr 2008/2009 in der gymnasialen Oberstufe, sodass 2009/2010 ein optimierter Fragebogen eingesetzt werden kann.

Aus der Praxis:

Die Feedback-Bögen, in denen die Schülerinnen und Schüler Rückmeldungen zum Unterricht geben, erweisen sich auch in einer weiteren Hinsicht als ausgesprochen vorteilhaft: Mit ihrer Hilfe ist es leichter, sowohl in der Lehrerschaft als auch in der Schülerschaft einen Konsens darüber herzustellen, wodurch sich ein *guter Unterricht* auszeichnet.

Lerncenter der
Sekundarstufen I
und II und
Schülerbibliothek

Inner- und außerschulische Lernorte: Lerncenter und Praktika

Wenn Unterricht geöffnet wird, wenn das selbstständige Arbeiten der Schülerinnen und Schüler eine größere Rolle spielen soll, dann müssen
dafür auch Voraussetzungen geschaffen und
Angebote räumlicher und technischer Art gemacht werden. Bereits sehr früh wurde damit in
der gymnasialen Oberstufe begonnen, als in den
90er Jahren ein Lerncenter eingerichtet wurde. Das Lerncenter bietet Materialien, Literatur,
Nachschlagewerke und Rechner mit Internet-
zugang. Die Schülerinnen und Schüler können
hier selbstständig arbeiten, Aufgaben erledigen,
Tests und Prüfungen vorbereiten.

Das Lerncenter soll aber nicht nur ein Arbeitsplatz sein oder im traditionellen Sinne als
Bibliothek oder Stillarbeitsraum genutzt werden,
sondern auch und gerade als „Unterrichtsraum"
fungieren. Schülerinnen und Schüler sollten aus
dem Unterricht heraus Arbeitsaufträge erhalten,
die sie dann in Einzelarbeit oder kooperativ in
der Unterrichtszeit bearbeiten können, sei es,
dass sie sich der Bücher-Sammlung bedienen,
zur Verfügung gestellte Arbeitsmaterialien
nutzen oder Internetrecherchen durchführen.
Inzwischen verfügt die Schule über drei Lerncenter dieser Art und wird diese Komponente als
wichtiges Element modernen Unterrichts noch
ausbauen.

Aus der Praxis:
Die Anzahl und Platzierung von Lerncentern oder ähnlichen Einrichtungen ist natürlich abhängig von der
Größe einer Schule. Lässt sich in einer kleinen Schule
allein aus räumlichen Gründen nur ein Lerncenter ein-
richten, so bietet es sich für größere Schulen mit einem
weitläufigen Gebäude an, mehrere einzurichten. Diese
können dann wie bei uns mit jahrgangsspezifischen
Materialien ausgestattet werden, und Unterricht aus
benachbarten Klassenräumen kann etwa in Recherche-
Phasen oder anderen selbstständigen Arbeitsphasen
aus dem Klassenraum in das jeweilige Lerncenter
verlegt werden. Räumliche Nähe erhöht auch das
Verantwortungsbewusstsein (Ordnung, Sauberkeit)
der Nutzer für „ihr" Lerncenter.

Im Rahmen traditioneller Praktika, wie sie an
anderen Schulen auch durchgeführt werden,
bewegt sich das *Betriebspraktikum* des 9. Jahrgangs. Das dreiwöchige Betriebspraktikum wird
im Fach Arbeit / Wirtschaft / Technik (AWT) vor-
und nachbereitet und verschafft den Schülerinnen und Schülern einen ersten authentischen
Zugang zur Arbeitswelt. In vielen Fällen werden hier auch schon erste Kontakte im Hinblick
auf die spätere Bewerbung um eine Lehrstelle
angebahnt.

Eine gänzlich andere Form des Praktikums
stellt das *Fachpraktikum* des 12. Jahrgangs dar.
Im zweiten Semester des 12. Jahrgangs absolvieren die Schülerinnen und Schüler seit 1993

Terminplan für das Fachpraktikum im 12. Jahrgang

Praktikumstermin: 2. Semester 12. Jahrgang, Monat April, Schülerinnen/Schüler des 12. Jahrgangs
Betreuende Lehrkräfte: Kursleitung der Schwerpunktfächer, in der Regel 10 bis 12 Kolleginnen/Kollegen

Termin	Aktion	Zuständige	zusätzliche Hinweise
Oktober	Dienstbesprechung Kolleginnen/Kollegen	Koordinator	Startveranstaltung
November/ Dezember	Suche/Findung von Praktikumsplätzen Erste inhaltliche Sondierung	Schülerinnen/ Schüler, Kursleitung	Unterstützung bei Bedarf durch Koordinator
Januar	Übermittlung der Plätze an die Praktikumsorganisation	Kursleitung	
Januar	Offizielles Praktikumsanschreiben der Schule an die Praktikumsanbieter	Koordinator	Versicherungsrechtliche Aspekte/ Schulveranstaltung
Februar – März	Vorgespräche/inhaltliche Absprachen zum Praktikum, eventuell zur geplanten Facharbeit	Kursleitung	Wichtig für positiven Verlauf und Erfolg, besonders bei Verbindung Praktikum/Facharbeit!
April	Praktikum und Praktikumsbesuche (in der Regel 2 Besuche)	Schülerinnen/ Schüler, Kursleitung	Vertiefung von Kontakten u. U. Materialrecherche für die Facharbeit
Mai	Anschreiben an Praktikumsplätze Dank Auswertung	Koordinator	Ggf. Dienstbesprechung

ein in dieser Form in Niedersachsen einmaliges dreiwöchiges Fachpraktikum, bisher orientiert an den Leistungsfächern, jetzt ausgerichtet auf die gewählten Schwerpunktfächer. Welche Funktion hat dieses Praktikum? Zentrales Element und Anliegen ist nicht die Berufs- oder Studienorientierung, wenngleich Letztere auch partiell im Blick ist. Entscheidend ist, dass die Schülerinnen und Schüler ihre Kenntnisse, ihre Fertigkeiten, ihr im Unterricht erworbenes Wissen in neuen Bezügen anwenden. Die Resonanz auf dieses Fachpraktikum ist nach wie vor positiv, sodass die Schule diese Art des Praktikums auch zukünftig fortführen wird.

In dem Fachpraktikum werden den Schülern von Experten in Behörden oder Universitätsinstituten aus der *wissenschaftlich* geprägten Berufswelt einschlägige Inhalte und Fertigkeiten vermittelt, die dann – die Lernentwicklung der Schülerinnen und Schüler befruchtend – in den weiteren schulischen Unterricht einfließen können.

Die Vorbereitung des Praktikums beginnt im zweiten Quartal des ersten Halbjahres in Jahrgang 12. Konkret bedeutet dies, dass sich die Schülerinnen und Schüler entweder selbstständig oder mit Hilfe der Schule einen Praktikumsplatz – ausgerichtet an einem ihrer Schwer-

Schülerinnen und Schüler des Jahrgangs 12 beim fächerübergreifenden Arbeiten: „Die Geschichte des Landschafts- und Umweltschutzes" war ein gemeinsames Projekt der Fächer Biologie und Geschichte

punktfächer – suchen. Die folgenden Fächer bilden als Schwerpunktfächer dabei den Ausgangspunkt: Deutsch, Englisch, Biologie, Chemie, Geschichte, Politik, Kunst. Der Fachlehrer steht jederzeit als Berater und Ansprechpartner zur Verfügung.

Erhalten die Schülerinnen und Schüler eine Zusage, kontaktiert der Fachlehrer gemeinsam mit dem Schüler oder der Schülerin den Praktikumsbetreuer vor Ort, um inhaltliche Absprachen zu Verlauf, Ausgestaltung und Aufgaben im Praktikum zu klären. Auswärtige Plätze (wie etwa im Falle eines Praktikums im Deutschen Bundestag) müssen von den Schülern in der Regel selbst finanziert werden. Häufig bestehen aber Kontakte vor Ort (Freunde, Verwandte). Betreuende Kolleginnen oder Kollegen führen bei diesen Plätzen gewöhnlich einen Betreuungsbesuch durch. Das Praktikum selbst findet etwa zur Mitte des zweiten Semesters statt, es dauert in der Regel zweieinhalb bis drei Wochen.

Die im Vorfeld getroffenen inhaltlichen Absprachen mit den Praktikumsstellen können dann in die im 12. Jahrgang obligatorische Facharbeit einmünden, die wiederum bei entsprechender Qualität im Bereich Naturwissenschaft bzw. Geo- und Raumwissenschaft zu einer „Jugend-forscht"-Arbeit ausgebaut werden kann. Letzteres wird seit Jahren mit großem Erfolg praktiziert.

Aus der Praxis:

Von großer Bedeutung für dieses Projekt ist, dass hinreichend Praktikumsplätze von hoher Qualität zur Verfügung stehen. Ein großstädtisch geprägter Raum bietet naturgemäß bessere Möglichkeiten als ein eher ländlich strukturierter Raum. Hier sind von der Robert-Bosch-Gesamtschule unterschiedliche Wege beschritten worden. Die Robert-Bosch-Gesamtschule hat bestehende Kontakte zu Institutionen oder Firmen genutzt und im Laufe der Zeit einen kontinuierlich genutzten Stellenpool aufgebaut. Zusätzlich können sich die Schüler in Eigeninitiative Plätze suchen, die dann aber hinsichtlich ihrer Eignung und Möglichkeiten für die Schüler durch die Fachkollegen überprüft werden. Haben sie sich als geeignet herausgestellt, werden auch sie in den Pool der Praktikumsplätze aufgenommen.

Ein Fazit:
Unterrichtsmodernisierung ist möglich!

Die Modernisierung von Unterricht, die Qualitätsverbesserung von Unterricht sind keine Selbstläufer. Es bedarf eines ständigen Engagements jeder Lehrkraft. So wie jeder Unterricht ein lernförderliches Klima für die Schülerinnen und Schüler benötigt, so bedarf aber auch der Prozess der Unterrichtsmodernisierung eines Klimas, das von hoher kollegialer Kooperationsbereitschaft geprägt ist und in dem die Schul-

Nicht alltäglich: ein Fachpraktikum im Deutschen Bundestag

Einen Eindruck, wie Schüler das Fachpraktikum wahrnehmen, gibt der Bericht des Schülers Sören, der ausgehend von seiner Schwerpunkfachsetzung in den Fächern Geschichte und Politik ein Praktikum im Deutschen Bundestag absolviert hat. Das Thema der von ihm erstellten Facharbeit lautete: „Die umweltpolitischen Aspekte in den Parteiprogrammen von SPD, CDU und Grünen im Vergleich". Über diesen sehr attraktiven Praktikumsplatz berichtete Sören im Jahrbuch der Robert-Bosch-Gesamtschule. Hier ein Auszug:

„Während meines Praktikums beim Deutschen Bundestag in Berlin habe ich eine etwas andere Perspektive, die Politik zu betrachten, kennengelernt. Der Bundestagsabgeordnete und Vorsitzende des Rechnungsprüfungsausschusses, Bernhard Brinkmann (SPD), dessen Wahlkreis Hildesheim ist, hat mir interessante Stationen des Politikbetriebes gezeigt. Während der drei Wochen hatte ich die Chance, zwei Ausschüsse des Bundestages hautnah zu erleben und eine Woche beim SPD-Parteivorstand im Willy-Brandt-Haus zu sein.

An meinem ersten Praktikumstag in der Bundeshauptstadt wurde ich persönlich durch MdB Brinkmann am Besuchereingang des Paul-Löbe-Hauses (direkt neben dem Reichstag) in Empfang genommen. Nach einem kurzen Gespräch in seinem Büro führte er mich zu meinem ersten Arbeitsplatz, dem Rechnungsprüfungsausschuss.

Nicht immer sind die Abgeordneten im Bundestag, da sie natürlich auch direkt in ihrem Wahlkreis arbeiten und leben. Deshalb gibt es durch die Bundestagsverwaltung festgelegte Sitzungswochen. In diesen Wochen tagen das Parlament, aber auch Ausschüsse und andere Gremien. Der Rechnungsprüfungsausschuss, in dem ich tätig war, ist eigentlich ein Unterausschuss des Haushaltsausschusses.

Meine Aufgabe war es, im Sekretariat mitzuhelfen und mich mit den Tagesordnungspunkten der Ausschusssitzungen zu beschäftigen. Sofern die Sitzungen öffentlich waren, konnte ich direkt hinter den Politikern Platz nehmen im Saal. Ich war Zeuge von sehr fetzigen Diskussionen. Während dieser Tätigkeiten habe ich Einsicht in die Arbeit eines Abgeordneten bekommen und muss sagen, das sich meine Vorurteile im Großen und Ganzen nicht bewahrheitet haben. Die Arbeit umfasst weit mehr als das, was uns die Medien vor Augen führen. Das Vorbereiten von Sitzun-gen ist sehr arbeitsintensiv und die Meinungen der Abgeordneten zu einem bestimmten Thema bilden sich meist nicht erst während der Sitzung, sondern davor. Die Ergebnisse von Abstimmungen können deshalb meist schon vorhergesagt werden. In den Ausschüssen geht es oft darum, die Standpunkte der einzelnen Fraktionen noch einmal klar darzulegen. Dabei ist mir aufgefallen, dass die Opposition fast immer gegen die Entscheidung der Koalition ist. ‚Wenn es nicht anders geht, dann enthält man sich lieber', scheint das Motto zu sein. Wenn der Vorsitzende fragt: ‚Gibt es Gesprächsbedarf zu diesem Thema?', dann greift fast immer jemand zum Mikrofon. Man kann das manchmal als vergeudete Zeit deuten, jedoch ist eines klar: Politik lebt von der Auseinandersetzung. Der eine oder andere Politiker scheint diese Meinung mit mir zu teilen, denn um Zeit nicht zu vergeuden, neigen einige Abgeordnete zum ‚Fokus-Lesen' oder ‚Augen-Schließen'.

Meine zweite Woche im Willy-Brandt-Haus war eine tolle Zeit. Ich hatte die Möglichkeit, aktiv an den Vorbereitungen zu nationalen und internationalen Veranstaltungen teilzunehmen. Dabei sind mir einige wichtige Politiker wie Egon Bahr, Andrea Nahles oder Kurt Beck im Gang begegnet, um nur einige zu nennen.

Die Bundestagsgebäude sind gigantisch und zu meiner Verwunderung alle unterirdisch miteinander verbunden. So konnte ich bei Regenwetter in nur 15 Minuten von meinem Büro ins Plenum des Reichstages laufen oder in 10 Minuten zur unvorstellbaren Bundestagsbibliothek. Ein Highlight war es, als ich bei der Gedenkveranstaltung ‚75 Jahre Ermächtigungsgesetz' im Plenum live die Reden von Bundestagspräsident Norbert Lammert und Bundesminister a. D. Hans-Jochen Vogel verfolgen konnte. In diesem Moment ist mir klar geworden, welch ein schöner Praktikumsplatz der Deutsche Bundestag ist."

Ein Fachpraktikum beim Arbeitskreis Stadtgeschichte Salzgitter

Im Schuljahr 2008/2009 hat die Schülerin Christiane ein Praktikum beim Arbeitskreis Stadtgeschichte e. V. in Salzgitter absolviert. Dieser Arbeitskreis widmet sich der wissenschaftlichen Betreuung der Gedenkstätte des ehemaligen KZ Drütte in Salzgitter. Gefragt nach ihren Eindrücken von dieser Form des Praktikums und dem Praktikumsort erklärte Christiane:

„Ich habe diesen Praktikumsplatz schon frühzeitig selbst organisiert, die Beschäftigung mit historischen Themen entspricht meinen Interessen. Zudem kann ich in diesem Praktikum meine Interessen durch die Thematik der Facharbeit auch noch mit meinem Leistungs- bzw. Schwerpunktfach Deutsch verbinden.
Das Praktikum ermöglicht mir Zugriffe auf authentische Materialien, also Akten, Briefe oder Zeitzeugeninterviews, sodass ich über den Schulunterricht hinaus vertiefte Einblicke und Erkenntnisse über die Zeit des Nationalsozialismus auch an meinem Heimatort gewinnen kann. Ich kann mir auch gut

vorstellen, mich nach dem Praktikum in die Arbeit des Arbeitskreises weiter einzubringen."

Die Leiterin des Arbeitskreises Stadtgeschichte übernimmt seit 12 Jahren Praktikanten der Robert-Bosch-Gesamtschule. Sie betont in einer Stellungnahme zu dieser Form des Praktikums:

„Zunächst habe ich als Leiterin des Arbeitskreises Stadtgeschichte natürlich ein Eigeninteresse an diesem Projekt. Es ermöglicht mir als Leiterin des Arbeitskreises Kontakt zu Schulen über den Gedenkstättenbesuch hinaus zu halten. Ich selbst erweitere auf diesem Weg mein Wissen über Schule und Schülerinnen und Schüler sowie über deren Geschichtsbild. Auch kann es auf diesem Wege gelingen, den Arbeitskreis und die Gedenkstätte bekannter zu machen und nicht zuletzt junge Erwachsene an das Thema ‚nationalsozialistische Diktatur' unmittelbar und intensiv heranzuführen.
Besonders positiv sehe ich die Terminierung des Praktikums im 12. Jahrgang, insofern dadurch Praktikanten mit einer gewissen Vorbildung kommen, die zudem auch schon sehr selbstständig sind und dadurch auch sehr gut einsetzbar in der Arbeit des Arbeitskreises. Meine Erfahrungen mit diesem Praktikum der Robert-Bosch-Gesamtschule sind durchweg positiv gewesen. Wünschenswert ist allerdings eine mindestens dreiwöchige Praktikumsdauer."

Auch wenn in Zeiten zentraler Abschlussprüfungen jede Unterrichtsstunde wichtig ist, zeigen diese beiden Stellungnahmen, dass doch vielleicht mehr Oberstufen das Wagnis eingehen sollten, ihren Schülerinnen und Schülern Lernen an Orten außerhalb der Schule anzubieten.

leitung unterstützend diesen Prozess begleitet und fördert. Sind diese Voraussetzungen erfüllt, kann sich jede Schule zu einer innovativen Institution im Hinblick auf ihren Unterricht entwickeln, und dies unabhängig von schulpolitischen Rahmenbedingungen.

Der Weg, den die Robert-Bosch-Gesamtschule zur Verbesserung der Unterrichtsqualität und zur Modernisierung des Unterrichts beschritten hat, ist ganz bewusst ein pragmatisch ausgerichteter Weg. Er war und ist dadurch gekennzeichnet, dass am Beginn kleine Initiativen von kleinen Gruppen oder Teilbereichen der Schule standen (Hospitation im Fach Mathematik, Feedback in wenigen Kursen der Oberstufe, durchgeführt von einigen Kollegen). Nach kleinen Schritten kann dann eine allmähliche Erweiterung folgen.

Voraussetzung für den Erfolg der Projekte war auch hier wieder, dass sie *Angebote* darstellten, dass sie nicht „von oben zwangsverordnet" wurden. Zudem war und ist wichtig, dass für die einzelnen Kolleginnen und Kollegen Vorteile für ihre Arbeit erkennbar werden (Unterstützung für den eigenen Unterricht durch Fortbildung, Hinweise auf Korrekturbedarf des Unterrichts durch Feedback).

Die Reform- bzw. Innovationsprozesse bedürfen eines langen Atems, Misserfolge im einen oder anderen Fall bedeuten kein Scheitern, sondern sollten als Chance zur Korrektur begriffen werden. So dürfen die Instrumente, die eine Schule und ein Kollegium sich zur Modernisierung des Unterrichts zurechtlegen, durchaus der jeweiligen Situation angepasst sein. Der von der Robert-Bosch-Gesamtschule beschrittene Weg zur Verbesserung der Unterrichtsqualität durch kollegiale Hospitation ist aber prinzipiell für jede Schule, unabhängig von Schulform oder Größe, gangbar.

Schule als Lebensraum

Umgang mit Vielfalt

Wie jede andere Schule auch musste sich die Robert-Bosch-Gesamtschule auf die enorme Vielfalt einstellen, die heute die Schülerschaft ausmacht. Dass die Schule als integrierte Gesamtschule mit ganz unterschiedlich leistungsfähigen Schülern zu tun hat, versteht sich von selbst, aber auch hinsichtlich ethnischer und kultureller Bindungen oder privater Interessen stellt sich unsere Schülerschaft ganz heterogen dar. Zu Beginn jedes Schuljahres nimmt die Schule im 5. Jahrgang 180 Schülerinnen und Schüler aus Stadt und Landkreis Hildesheim in 6 Stammgruppen auf. Da die Zahl der Anmeldungen die vorhandenen Plätze seit Jahren bei Weitem übersteigt, wenden wir das „qualifizierte Losverfahren" an: auf der Grundlage einer Befragung aller Grundschulen im Einzugsbereich der Schule ermittelt der Schulträger die Anteile der Kinder im 4. Schuljahr mit Gymnasial-, Realschul- und Hauptschulempfehlung. Mit dem Losverfahren wird ein repräsentativer Querschnitt des Jahrgangs aufgenommen. Dabei sind uns alle Kinder willkommen, unabhängig vom religiösen, kulturellen, nationalen und sozialen Hintergrund, vom Leistungsstand oder -vermögen, unabhängig vom Bildungshintergrund der Elternhäuser. Wir legen allerdings Wert darauf, dass allen Eltern bei der Anmeldung die im Leitbild beschriebenen Ansprüche der Schule vermittelt werden.

Der Unterricht und das gesamte Konzept unserer Schule sind darauf ausgerichtet, der Vielfalt, Individualität und Unterschiedlichkeit unserer Schülerinnen und Schüler gerecht zu werden. Wesentlich ist dabei auch der in unserem Leitbild verankerte Konsens, dass Bildung nicht allein auf kognitive Erträge reduziert bleibt. Heterogenität ist produktiv, wenn es uns gelingt, den Unterricht darauf abzustimmen. Dazu gehört auch das Vertrauen darauf, dass Schülerinnen und Schüler den Umgang miteinander eigenverantwortlich regeln und voneinander profitieren. Heterogenität als Chance zu begreifen, wird für uns auch zukünftig eine der größten Herausforderungen bleiben, denn, so Reinhard Kahl in *Treibhäuser der Zukunft*: „Wir müssen erkennen, dass Heterogenität in einer Gruppe die Intelligenz und Leistungsfähigkeit von Menschen steigert."

Die Robert-Bosch-Gesamtschule versucht nicht, die Schwierigkeiten, die Heterogenität mit sich bringt, dadurch zu lösen, dass möglichst gleichartige Schüler zu Verbänden zusammengefasst werden, sondern hat entschieden, von Jahrgang 5 bis 10 die *heterogen zusammengesetzte Stammgruppe* als Bezugsrahmen für alle Schüler einzurichten. Angesichts der Vielfalt in der Schülerschaft ist die Aufgabe der Integration eine Herausforderung, und zwar sowohl in pädagogischer als auch in sozialer Hinsicht. Durch eine sorgfältige Diagnose des Lernstandes, gezielte Fördermaßnahmen und verschiedene Formen der Differenzierung sorgen wir für eine möglichst optimale Förderung jedes einzelnes Schülers. Wir haben klare und für alle verbindliche Richtlinien für das Miteinander an unserer Schule festgelegt. Und wir versuchen mit verschiedenen Maßnahmen zu erreichen, dass Lehrende, Lernende und deren Eltern sich als Teil eines Teams fühlen, das an einem Strang zieht.

Langzeit-Deutscharbeitsplan 5.3

Aufgaben vom 16. Januar bis 04. März 2009 Schwerpunkte: Kurze und lange Vokale	NICO	ERIK B	JESSICA	MARCEL	CELINE	MONIKA	MERLE D	TARVO	ERIK E	LISA	JULIA	EILEEN	ANNE	FLORIAN	SASKIA	ANTONIA	MELVIN	JAN FILIP	ALEXANDER	BJÖRN	NOA LIN	ULRIKE	MATHILDA	PAUL	JANINA	HANNA	LYNN	MARVIN	MERLE W	NICK
Immer im Arbeitsheft!	*	*				*				*	*		*							*										
S. 58 Nr. 1a, 1b																														
S. 59 Nr. 3, 4	O	O				O				O	O		O							O										
S. 60 Selbsttest: Kurze Vokale (Lösungsheft bei GT) ALLE!																														
S. 61 Nr. 1																														
S. 62 Nr. 3, 4, 5	O	O				O				O	O		O							O										
S. 63 Nr. 1, 2, 3																														
S. 64 Nr. 4, 5, 6	O	O				O				O	O		O							O										
S. 65 Nr. 1, 2, 3	O	O				O				O	O		O							O										
S. 66 Nr. 1, 2	O	O				O				O	O		O							O										
S. 67 Nr. 3, 4																														
S. 68 Selbsttest: Lange Vokale (Lösungsheft bei GT) ALLE!																														

*   Diese Schüler und Schülerinnen dürfen sich einen Lernpartner suchen.

O   Bitte erst diese Seiten bearbeiten, mit den Lernpartnern vergleichen,
     anschließend die beiden Tests erledigen, dann die weiteren Seiten sorgfältig bearbeiten!

Ein Beispiel für einen Langzeit-Arbeitsplan im Fach Deutsch, Jahrgang 5

Sitzen bleiben gibt es an der Robert-Bosch-Gesamtschule nicht. Niemand muss Angst haben, als Versager selektiert zu werden. Alle Schüler erfahren Wertschätzung ihrer Person, Vertrauen in ihre Fähigkeiten und Lernbereitschaft, unabhängig von Leistung und Herkunft. Ein positives Gruppenklima, ein angstfreies und respektvolles Lehrer-Schüler-Verhältnis und ein freundlich und anregend gestaltetes Lernumfeld sind die Regel. Dies stellt eine breite Palette von Maßnahmen, Vereinbarungen und Selbstverpflichtungen sicher. Im Kollegium trägt erfolgreich und sichtbar die Erkenntnis Früchte, dass dies die Basis für ein gutes Lernmilieu und damit für Lernbereitschaft, Selbstwirksamkeit und Erfolg unserer Schülerinnen und Schüler ist. Durch das seit mehr als 30 Jahren bewährte Konzept der „Gruppenstunden" im Ganztagsbereich sind wöchentlich etwa 150 Eltern unmittelbar an der Erziehungsarbeit beteiligt (vgl. S. 101). Von dieser „Erziehungssolidarität" profitieren insbesondere Kinder aus sozial benachteiligten Elternhäusern. Mit diesem 2006 von der Deutschen Kinder- und Jugendstiftung ausgezeichneten Konzept entwickelte sich eine spezifische Dynamik, die sich positiv und förderlich auf das Schulklima auswirkt. Über drei wöchentlich vom Klassenlehrer betreute Arbeits- und Übungsstunden stellen wir sicher, dass häusliche Defizite sich nicht negativ auf die Qualität von Hausaufgaben auswirken. Arbeits- und Wochenpläne sind Instrumente der Individualisierung des Lernens, sie werden auch zur Differenzierung und Individualisierung im Fachunterricht eingesetzt.

Die Schülerschaft der Robert-Bosch-Gesamtschule ist natürlich nicht nur hinsichtlich des Leistungsstandes heterogen zusammengesetzt, sondern auch hinsichtlich der Neigungen und

Freizeitinteressen sowie der Religionszugehörigkeit der Schülerschaft. Eine wichtige Rolle spielen hier die Wahlpflichtkurse und Arbeitsgemeinschaften (AGs), die den Schülern angeboten werden. Außerdem haben wir eine ganz spezifische Form des integrierten Religionsunterrichtes geschaffen, der niedersachsenweit erstmalig umgesetzt wird mit offizieller Genehmigung der Kirchen. Der Religionsunterricht wird stets im Klassenverband durchgeführt, das heißt eine Trennung der Schülerinnen und Schüler einer Lerngruppe nach Religionszugehörigkeit findet nicht statt.

Die heterogen zusammengesetzte Stammgruppe

Vom ersten Schultag im 5. Jahrgang an muss sich das Klassenlehrerteam mit der Vielfalt in der Lerngruppe auseinandersetzen. Über die Sitzordnung wird die neue Gruppe in nach Geschlecht und Leistung gemischte Kleingruppen eingeteilt.

Prinzipiell sitzen die Schüler in Vierertischgruppen an Doppeltischen, die L-förmig zusammengestellt sind; diese Sitzordnung (nach Klippert) ermöglicht ohne große Unruhe im Klassenraum die drei wesentlichen Sozialformen des kooperativen Lernens: Einzelarbeit („think"), Partnerarbeit („pair"), Gruppenarbeit (Vierergruppe; „share").

Durch die vorgegebene Gruppengröße von 30 Schülern muss die siebte Gruppe aus 6 Schülern bestehen, die in kooperativen Phasen in zwei Dreiergruppen zusammenarbeiten.

Gemäß dem Grundsatz, dass in einer Stammgruppe jeder Schüler mit jedem Mitschüler zusammenarbeiten können soll, werden die Gruppen in der Folge nach jeweils einem Vierteljahr neu zusammengesetzt. Dabei werden die Gruppen ausgelost, das Losverfahren kann jedoch

---

Integrierter Religionsunterricht

Religionsunterricht an der Robert-Bosch-Gesamtschule versteht sich als „Stätte interreligiöser Begegnung und weltanschaulicher Auseinandersetzung".

Die Schülerinnen und Schüler bringen ihre religiösen und weltanschaulichen Vorkenntnisse und Überzeugungen mit in das Unterrichtsgeschehen ein und erfahren in der Einübung von Toleranz und Respekt den würdevollen Umgang mit Andersdenkenden und den eigenen Wahrheiten.

In der Fachbereichskonferenz arbeiten die evangelischen und katholischen Fachlehrkräfte mit den Werte- und Normenlehrern an der jeweiligen Konzeption der Unterrichtsausgestaltung zusammen und lernen dabei die Gemeinsamkeiten herauszuentwickeln und die Unterschiede zu achten. Durch die Begegnung in den außerschulischen Lernorten (Moschee, Versammlungsraum der jüdischen Gemeinden, kirchenpädagogische Führungen etc.) schaffen wir die Rahmenbedingungen für originäre Erfahrungen im Austausch der religiösen und weltanschaulichen Wirklichkeiten. Schüler und Lehrer begreifen sich als Lernende und aktive Verantwortliche für gelingenden Dialog.

Dies ist unser Beitrag zum Frieden und zur Völkerverständigung. Erwachsene Hildesheimer zeigen, dass es hier in der Region möglich ist, gemeinsam an Abrahams Rundem Tisch diesen Zielen zu dienen. Die UNESCO fordert und fördert diese Arbeit.

Hartmut Schmeling (Fachbereichsleiter Religion/Werte und Normen)

---

durch „Setzungen" durch die Klassenlehrer gesteuert werden. So kann es erforderlich sein, Schüler, die gemeinsam in einer Gruppe zu unruhig sind, auf unterschiedliche Tischgruppen zu verteilen und anschließend zu losen.

Auch kann nach der Leistungsstärke jeweils zunächst ein Schüler pro Gruppe „gesetzt" werden, bevor gelost wird (es können leistungsstarke oder leistungsschwache Schüler „gesetzt" werden).

Disziplinprobleme innerhalb einer Gruppe können leicht durch eine Beratung mit der Tischgruppe gelöst werden; häufig schlagen bereits die Schüler ein Umsetzen innerhalb der Gruppe vor.

Fragebogen zum Jahrgang 11

ANGABEN ZUR PERSON (Zutreffendes bitte ankreuzen)

Alter: ☐ 16 ☐ 17 ☐ 18 ☐ 19 ☐ älter ☐ weiblich ☐ männlich
Besuchte Schule Sek. I: ☐ RBG ☐ RS ☐ HS ☐ GYM ☐ KGS ☐ andere: _____

A. SOZIALES KLIMA (bitte je 1 Antwort ankreuzen)

1. Das Verhältnis der Schüler untereinander in der Oberstufe finde ich

   ☐ gut ☐ mittelmäßig ☐ schlecht

2. Insgesamt finde ich die Arbeits- und Lernatmosphäre in der Oberstufe

   ☐ gut ☐ mittelmäßig ☐ schlecht

   Kurze Begründung: _____

3. Das Lehrer-Schüler-Verhältnis in der Oberstufe beurteile ich insgesamt mit

   ☐ gut ☐ mittelmäßig ☐ schlecht

B. ÜBERGANG VON KLASSE 10 NACH 11 (bitte je 1 Antwort ankreuzen oder eigene Aussage formulieren)

4. Schlechte Schulnoten im 11. Jahrgang haben meiner Meinung nach hauptsächlich ihre Ursache darin, dass
   ☐ die Lehrer in 11 zu wenig auf die Schüler eingehen
   ☐ die Lehrer in 9. und 10. Jahrgang zu wenig auf die Sek. II vorbereitet haben
   ☐ die Schüler Probleme mit eigenständigem Arbeiten wie z. B. Hausaufgaben haben
   ☐ die Schüler in 11 einfach zu faul sind

   Eigene Aussage: _____

5. In welchen Fächern hast Du beim Übergang von 10 nach 11 besondere Schwierigkeiten gehabt? (max. 3 Nennungen gewichtet nach Schwierigkeit)

   1. _____ 2. _____ 3. _____

6a. Unabhängig von Deinen eigenen Schwierigkeiten: In welchen Fächern waren die Anforderungen zu Anfang 11 anders als die Anforderungen im 9. und 10. Jahrgang? (max. 3 Nennungen)

   1. _____ 2. _____ 3. _____

6b. Was ist jetzt anders?

   1. _____ 2. _____ 3. _____

7. Die Beschreibung der Anforderungen (Themenfolge, Bewertungskriterien) in den einzelnen Fächern zu Beginn des 11. Jahrgangs ist
   ☐ in mehr als 7 Fächern gut
   ☐ in etwa der Hälfte der Fächer gut
   ☐ in weniger als 5 Fächern gut

Erste Seite eines Fragebogens zur pädagogischen Situation im 11. Jahrgang der gymnasialen Oberstufe

im Bereich Deutsch (besonders Lesen), Englisch und Mathematik. Die Befunde werden in einer Dokumentation der individuellen Lernentwicklung zusammengetragen. Sie bezieht sich auch auf die Bereiche „soziales Lernen" und „Arbeitsverhalten". Die Beratung der Schüler und Schülerinnen und Eltern wurde ausgeweitet. Abgeleitet aus den Ergebnissen der Diagnose kann Förderung in Jahrgang 5 grundlegend sein (wiederum besonders im Bereich Lesen), für Mathematik erfolgt ein Aufbau von fehlenden Grundlagen in Form von fünf unterschiedlichen „Modulen" und durch individuelle Förder- und Forderpläne, die auf der Online-Diagnose beruhen.

Aus der Praxis:

Mehrere Verlage bieten inzwischen Tests zur Lernausgangslage an. Diese werden von den Schülern online durchgeführt und elektronisch ausgewertet. Bei ausreichender Rechnerausstattung der Schule lässt sich die Testung in gut zwei Unterrichtsstunden erledigen. Die Programme umfassen neben umfangreichen Auswertungen der Tests auch Förderangebote für die Schüler. Arbeitsaufwendiger ist eine schriftliche Testung. Auch hierzu gibt es inzwischen verschiedene Vorlagen. Man hat dabei die Möglichkeit, den Test an die lokalen Gegebenheiten anzupassen. Außerdem erhält man bei einer eigenen Auswertung eine präzisere Vorstellung von auftretenden Schwierigkeiten und hat so mehr Möglichkeiten, die Förderung individuell zu steuern.

Ziel unserer Schule ist ein an individuellen Stärken und Schwächen orientiertes Förderkonzept. Auf der Basis einer ausführlichen Feststellung der Lernausgangslage unserer Schülerinnen und Schüler optimieren wir unser Förderkonzept, das speziell und zeitlich begrenzt bei individuellen Schwächen greift. So haben wir im 6. Jahrgang

Vielfalt der Begabungen: Lerndiagnose und Differenzierung

Zusätzliche Förderprogramme benötigen natürlich auch zusätzliche Ressourcen, von denen keiner Schule aber unbegrenzt viele zur Verfügung stehen. Um den festgestellten zusätzlichen Förderbedarf befriedigen zu können, greift die Robert-Bosch-Gesamtschule auf verschiedene Mittel zurück: Lerndiagnose z. B. durch Lernsoftware, Förderung nicht nur durch Lehrer, sondern auch durch ältere Mitschüler, Eltern, externe Förderprogramme oder etwa Studenten.

Förderung beginnt im 5. Schuljahr auf der Grundlage verschiedener Diagnoseverfahren

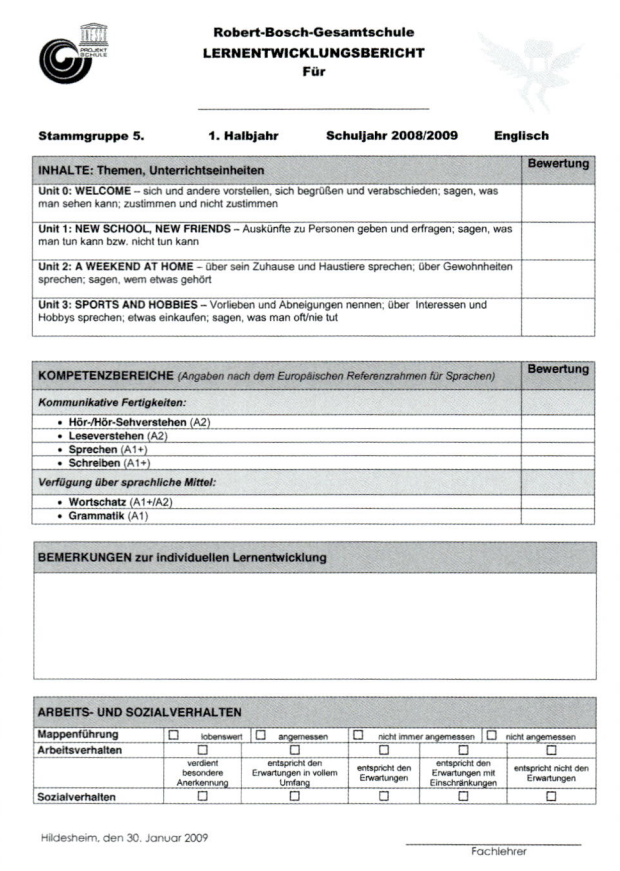

Schülerförderung im UNESCO-Café

parallel zur Einführung der 2. Fremdsprache ein Förderband für Schülerinnen und Schüler eingerichtet, die Schwächen in Deutsch und Englisch haben. Schülerinnen und Schüler mit Stärken im mathematischen und naturwissenschaftlichen Bereich bilden das Forscherteam, das ebenfalls parallel zu den Sprachen unterrichtet wird.

Darüber hinaus ist Förderung im Sinne von Individualisierung stets Aufgabe innerhalb des Unterrichts, sie erfolgt gegebenenfalls zusätzlich intervenierend und unterrichtsbegleitend durch die verantwortliche Lehrkraft. Förderung bezieht sich einerseits auf den Abbau von kognitiven und psychosozialen Defiziten, andererseits aber auch auf den Ausbau von Stärken, Begabungen und Neigungen. Leistungs- und Begabungsunterschiede zwischen den Schülerinnen und Schülern sollen offen benannt werden können, ohne stigmatisierend zu wirken. Fördern und Fordern wird durch *innere Differenzierung* per Wochenarbeitsplan für Schülerinnen und Schüler transparent und verständlich: Für das 6. Schuljahr habén wir das Modell der „Qualifizierten Differenzierung" entwickelt. Es ermöglicht das Erlernen einer zweiten Fremdsprache (Spanisch, Französisch oder Latein), eine naturwissenschaftlich-mathematische Schwerpunktsetzung (Forscher-Team) oder eine zusätzliche Unterstützung im sprachlichen Bereich (Deutsch und Englisch). Grundsätzlich folgen wir dem Prinzip, eher in den unteren Jahrgängen Unterstützungsangebote zu organisieren.

Allerdings: Eine Synthese von Förder- und Forderkonzept wird in diesem Schuljahr jahrgangsübergreifend im 10. und 11. Jahrgang erprobt: Eine vom Beratungsdienst regelmäßig durchgeführte Schülerbefragung im 11. Jahrgang hatte Probleme im Fach Mathematik aufgezeigt. Jede 11. Klasse erhielt daraufhin eine zusätzliche Mathematikstunde; der Mathematikfachlehrer bereitet in dieser Stunde mit den Schülern eine Stoffeinheit des 10. Jahrgangs vor. In der Folgewoche erarbeiten die Schüler diese Thematik gemeinsam mit einer 10. Klasse als „Förderlehrer". Erste Rückmeldungen zeigen, dass diese besonders für die 11. Klassen anspruchsvolle Aufgabenstellung in beiden Jahrgängen positiv bewertet wird.

Beispiel für einen kompetenzorientierten Lernentwicklungsbericht (LEt im Fach Englisch Jahrgang 5

Von Jahrgang 5 bis 8 erfolgt die Leistungsbewertung über Lernentwicklungsberichte (LEBs) für jedes Fach. LEBs geben nicht nur Auskunft über den Leistungsstand, sondern vor allem über individuelle Entwicklungsmöglichkeiten eines jeden Kindes. LEBs sind ein langjähriges Instrument der integrierten Gesamtschulen zur Rückmeldung von Lernergebnissen und Lernentwicklung an die Schüler der Jahrgänge 5–8 und ihre Eltern. LEBs werden jeweils zum Schulhalbjahresende für jedes Unterrichtsfach ausgegeben und ersetzen das Ziffernzeugnis. Hierbei wird – meist auf einer DIN-A4-Seite – sehr differenziert ausgewiesen, welche Ergebnisse die Schüler in welchen Bereichen erzielt haben.

Aus der Praxis:
Durch die Lernentwicklungsberichte ist es möglich, den Schülern – und damit auch ihren Eltern – eine fachlich sehr differenzierte Rückmeldung über die jeweiligen Stärken und Schwächen in den verschiedenen Fächern zu geben. Diese Rückmeldungen beinhalten dabei immer auch schon klare, gezielte Hinweise auf einen eventuellen Förderbedarf in einzelnen Kompetenzbereichen eines Faches.

Ab dem 7. Jahrgang beginnt die äußere Fachleistungsdifferenzierung auf zwei Niveaus (im 7. Jahrgang Mathematik und Englisch, im 8. Jahrgang Deutsch, im 9. Jahrgang Naturwissenschaften). Als Konsequenz aus den PISA-Ergebnissen streben wir eine spätere äußere Fachleistungsdifferenzierung an. Bereits im vierten Jahr führen wir deshalb den Mathematikunterricht im 7. Jahrgang integriert durch. Die Lehrkraft jeder Lerngruppe wird dabei von Mathematikstudenten der Universität Hildesheim unterstützt. Im 7. Jahrgang haben die Schülerinnen und Schüler für die unterschiedlichen Begabungen und Interessen ein breites Angebot zur

Neue Konzepte: Interventionsförderung vom 5. Jahrgang an – am Beispiel Mathematik

In unserem Leitbild steht: „Von den Schülerinnen erwarten wir die Bereitschaft, aktiv ihre Lernprozesse mitzugestalten." Im herkömmlichen Förderunterricht fand sich dies nur teilweise wieder: Der Förderlehrer erklärte den Unterrichtsstoff mit mehr Ruhe noch einmal. Die folgenden Übungen hatten das Ziel, beim Schüler das Gezeigte zu automatisieren. Mit den Diagnosewerkzeugen, über die wir verfügen, können wir inzwischen Defizite präziser benennen. Förderung kann so gezielter in thematisch eindeutig festgelegten Förderbausteinen geschehen. Diese dauern ca. 6 Wochen und enden mit einem Erfolgstest. So wird jeder nur da gefördert, wo er es braucht. Natürlich müssen diese Förderbausteine passend vorbereitet werden. Wir arbeiten gerade daran, Materialien zusammenzustellen, die das klassische Üben genauso ermöglichen wie die selbstständige Erarbeitung. Der erste Durchgang im 5. Jahrgang startet gerade mit diesem Konzept.

Die folgende Liste von Mathematik-Förderbausteinen ist vorläufig. Die Praxis muss weisen, welche brauchbar sind und ob ihre Ausrichtung sinnvoll ist.

▸ **5. Jahrgang:** Stellenwertsysteme · Grundrechenfertigkeit · Schriftliche Rechenverfahren · Umgang mit Texten in Mathematik · Raumvorstellung, Zeichentechniken
▸ **6. Jahrgang:** Bruchvorstellung · Rechnen mit Brüchen und Wahrscheinlichkeiten · Rechnen mit Dezimalbrüchen
▸ **8. Jahrgang:** Bruchrechnung · Prozentrechnung · Variablen und Terme · Gleichungen

Sarah Q., Mathematik-Studentin im 8. Semester an der Universität Hildesheim, berichtet über ihre Arbeit mit Schülerinnen und Schülern unserer Schule:

„Jeden Mittwoch Nachmittag treffe ich eine kleine Gruppe von 8–12 Schülerinnen und Schülern aus dem 5. Jahrgang. Sie kommen aus verschiedenen Stammgruppen und wurden von Mathelehrern zu mir geschickt. Die Gruppe bleibt für einen Zeitraum von fünf bis acht Wochen zusammen. Wir arbeiten über ein gemeinsames Thema, das alle noch mal wiederholen müssen, weil sie da besondere Schwierigkeiten haben. Im ersten Durchgang ging es um Zahlvorstellungen und Stellenwertsysteme, jetzt beschäftigen wir uns in etwas anderer Zusammensetzung mit dem Kopfrechnen und im nächsten Durchgang geht es um das schriftliche Rechnen. Am Ende soll es einen kleinen Test geben, damit die Kids sehen, was sie gelernt haben."

Norbert Griesing (Fachbereichsleiter Mathematik)

Die Arbeitsgemeinschaften „Zirkus",
„Fair for you" (Verkauf von Produkten aus
Fairem Handel) und „Terrarium" (Versorgen
der Tiere des Schulzoos)

Neigungsdifferenzierung in je zwei zweistündigen Wahlpflichtkurzen (WPK). Ab Jahrgang 9 erfolgt eine Spezialisierung durch die Wahl eines vierstündigen Wahlpflicht-Kurses. Darüber hinaus haben unsere Schülerinnen und Schüler an zwei Nachmittagen die Auswahl zwischen 50 verschiedenen Angeboten unterschiedlichster Arbeitsgemeinschaften (AGs). Hier finden sie anspruchvolle Angebote, und die präsentierten Ergebnisse sind beeindruckend (so veröffentlichte die Schriftsteller-AG ein eigenes Buch, die Theater-AG des 8. Jahrgangs machte mit der Bearbeitung der *Iphigenie* über die Stadtgrenze hinaus Furore). Neu im Schuljahr 2008/2009 ist das „Mercator-Programm", an dem zurzeit 16 Kinder der Jahrgänge 5, 6 und 7 teilnehmen. Finanziert durch eine Stiftung der deutschen Wirtschaft wird hier ausschließlich Kindern mit Migrationshintergrund zusätzliche Förderung von je 4 Wochenstunden über den üblichen Unterricht hinaus zuteil. Dieses Projekt wird inhaltlich angeleitet und begleitet durch die Universität Hildesheim, der Kontakt zu den Elternhäusern wird durch Asyl e. V. hergestellt. Eine weitere Besonderheit der Robert-Bosch-Gesamtschule ist der bereits erwähnte integrierte Religionsunterricht.

Einige statistische Daten aus den letzten Jahren machen deutlich, dass wir mit unserer Strategie durchaus erfolgreich sind. Bezüglich der Prognose nach der vierjährigen Grundschulzeit hatte eine Untersuchung der letzten drei Jahrgänge unserer Schule folgendes Ergebnis: 26 % erreichen einen schlechteren Abschluss als von der Grundschule prognostiziert, 30 % erreichen einen besseren Abschluss als von der Grundschule prognostiziert. Anders ausgedrückt: Auf 1,2 „Aufstiege" kommt 1 „Abstieg". Zum Vergleich das dreigliedrige Schulsystem in Niedersachsen: Gymnasien 5 – 10, Schuljahr 2004/2005:

auf 1 „Aufsteiger" kommen 12,2 „Absteiger" (absolut: von 169.373 Gymnasiasten sind 137 „Aufsteiger" aus Realschulen und ganze 5 aus Hauptschulen). Nach der 10. Klasse erreichen jedes Jahr circa 45 % der Schülerinnen und Schüler einen erweiterten Abschluss, der zum Übergang in die gymnasiale Oberstufe berechtigt. Diese Schülerinnen und Schüler wechseln zum großen Teil in die gymnasiale Oberstufe, die anderen in die berufliche Ausbildung. Auf beide Felder bereitet der Unterricht gezielt vor, unter anderem durch Praktika. Die Abbrecherquote, das heißt das Verlassen der Schule ohne Abschluss, lag an unserer Schule im letzten Schuljahr bei ca. 2 % – im Vergleich dazu lag die Quote in Niedersachsen bei 10,6 %.

Zusammenleben und -lernen in Arbeitsgemeinschaften

Ein weiteres ganztagsspezifisches Angebot sind die Arbeitsgemeinschaften (AGs), die an zwei Wochentagen (Mittwoch und Donnerstag) in der 8. und 9. Stunde stattfinden.

Grundlegendes Ziel ist es, den Schülerinnen und Schülern jahrgangsübergreifende Begegnungen zu ermöglichen, die von einem

gemeinsamen Interesse, nämlich dem AG-In-halt, geleitet sind. Sie begegnen sich hier auf freiwilliger Basis in ihrer von uns durch vielfältige Angebote bereicherten Freizeit und lernen sie, über ihre Stammgruppe hinaus, mit Kindern und Jugendlichen unterschiedlicher Altersstufen gemeinsam zu gestalten und erwerben soziale Kompetenzen. Organisatorisch liegt unser Hauptaugenmerk zunächst darauf, in den Arbeitsgemeinschaften möglichst viele Schülerinteressen und -fähigkeiten aufzugreifen und weiterzuentwickeln. Diesbezüglich führen wir bereits vor Beginn der Sommerferien in allen Jahrgängen eine Umfrage nach AG-Wünschen durch. Zusätzlich werden die Schüler der Oberstufe befragt, ob und in welchem Bereich sie eine AG-Leitung übernehmen könnten.

Anhand der Umfrageergebnisse akquirieren wir für die zu realisierenden Projekte interne und externe AG-Leiter. So entstehen Kooperationen mit verschiedenen Sparten der ortsansässigen Sportvereine, theaterpädagogischen Einrichtungen, Schriftstellern, Tanzschulen und privaten AG-Leitern mit besonderen Qualifikationen.

Durch eine AG-Börse können sich die Schüler über das breite Angebot der nun zustande kommenden Arbeitsgemeinschaften informie-

ren. Die AGs präsentieren sich durch Plakate, auf denen das Thema (zum Teil durch Exponate ergänzt), die Zielgruppe und der Veranstaltungstag zu entnehmen sind. Zum Teil ist es den AG-Leitern möglich, an den beiden „Börsen-Tagen" stundenweise für Fragen vor Ort zu Verfügung zu stehen, was von den Interessierten als sehr hilfreich für ihre Wahl empfunden wird. Die Schüler können nun mithilfe eines Wahlbogens einen Erst- und Zweitwunsch für einen oder zwei AG-Tage abgeben. Die neuen Fünftklässler werden von den Mitarbeitern des Ganztagsbereiches an einem ebenfalls vor den Ferien stattfindenden Spielenachmittag durch die Ausstellung geführt und treffen dort gemeinsam mit den Eltern ihre Wahl. Durch diese

---

Unsere AG-Angebote im Schuljahr 2008/2009

▸ **Sport:** American Football, Badminton, Breakdance, Cheerleading, Fußball für Mädchen, Fußball für Jungen, Handball, Hip-Hop, Kanusport, Mountainbike, Westernreiten, Schach, Schwimmen, Tauchsport, Tennis, Tischtennis, Volleyball, Wasserball, Yoga, Zirkus

▸ **Künstlerisch-musischer Bereich:** Chor SEK II, Marionetten, Modellbau, Schulband, Schriftsteller, Schwarzlichttheater, Theater SEK I, Theater SEK II

▸ **Forschung / Technik:** Homepage, „Jugend forscht" in den Bereichen Biologie, Mathematik / Informatik und Physik / Technik, Schüler experimentieren

▸ **Tiere / Pflanzen:** „Planten & Blomen" (Blumen- und Pflanzenpflege in der Schule), Schulgarten, Schulzoo

▸ **Soziales Engagement:** Beth-Shalom, Paddys/Buddys, Fair for you (kleiner Schulladen mit Produkten aus Fairem Handel), Schulgarten, Schülercafé (Verkauf von Müsli und Cornflakes in der Mittagspause)

Robert-Bosch-Gesamtschule

Integrierte Gesamtschule mit gymnasialer Oberstufe
Ganztagsschule

Fachbereich „Ganztag"

UNESCO PROJEKT SCHULE

Wahl der AGs für das 2. Schulhalbjahr 2008/2009 04.02.2009

Liebe Schülerinnen und Schüler der Jahrgänge 5, 6 und 7!

Die AGs für das 2. Halbjahr stehen zur Wahl. Die Liste ist entsprechend der beiden AG-Tage
unterteilt. Markiere bitte durch eine „1" deine **Erstwahl** und durch eine „2" deine **Zweitwahl**.
Du kannst sowohl an einem als auch an beiden Tagen eine AG wählen.
Bitte gib den ausgefüllten Wahlbogen **bis zum Freitag, dem 06.02.2009**, mit der Unterschrift
eines deiner Erziehungsberechtigten bei deiner Stammgruppenleitung ab.
Wir freuen uns darauf, dich als Teilnehmer einer AG im 2. Halbjahr begrüßen zu dürfen!

MITTWOCH

NR	NAME der AG	WAHL
1	Badminton	
2	Breakdance	
3	Fußball Jungen	
4	Garten/Schulgarten	
5	„Jugend forscht" Mathe/Informatik	
6	„Jugend forscht" Physik/Technik	
7	Kanusport	
8	Kochen	
9	Modellbau	
10	„Planten und Blomen"	
11	Reiten/Westernreiten*	
12	Schriftsteller	
13	Tennis	
14	Tischtennis	
15	Volleyball	
16	Yoga	
17	Zirkus	

DONNERSTAG

NR	NAME der AG	WAHL
20	American Flag Football	
21	Cheerleading	
22	Fair For You	
23	Fußball für Mädchen	
24	Handball	
25	Hip Hop	
26	„Jugend forscht" Physik/Technik	
27	„Jugend forscht" „Schüler experimentieren"	
28	Marionetten	
29	Mountainbike	
30	Musical	
31	„Planten und Blomen"	
32	Reiten/Westernreiten*	
33	Schach	
34	Schriftsteller	
35	Schülercafé	
36	Schwarzlicht	
37	Schwimmen	
38	SCX-Rennbahn	
39	Theater	
40	Volleyball	
41	Zoo	

* Reiten/Westernreiten: Fahrdienst einmal pro Monat durch Eltern erforderlich!

Name der Schülerin/des Schülers: _____ Stgr.: _____

Unterschrift der/des Erziehungsberechtigten: _____

AG-Wahlbogen für
die Schüler der
Schulstufen 5–7

frühzeitige Wahl und Auswertung können die
Arbeitsgemeinschaften bereits in der ersten vollen Unterrichtswoche starten.

Aus der Praxis:

Bei der Organisation besonders zu bedenken sind die
außer Haus stattfindenden Angebote. Hier ist es notwendig, die AG-Leiter an den ersten beiden Terminen
in die Schule zu bitten, um den Schülern die Orientierung zum Veranstaltungsort hin zu erleichtern. Des
Weiteren ist unbedingt zu bedenken, dass für einige
auswärtige AGs Fahrdienste durch Eltern vonnöten

sind. Hier empfiehlt es sich, dieses bereits auf dem
Präsentationsplakat als Teilnahmebedingung zu vermerken. Das ist zwar für Schüler schade, deren Eltern
uns diesbezüglich nicht zur Verfügung stehen, jedoch
notwendig, da es sonst zu Engpässen kommt, die die
regelmäßige Durchführung der AG behindern.

Besonderes Interesse zeigen unsere Schülerinnen und Schüler an „neuen AGs" wie beispielsweise Westernreiten, Kanusport, Breakdance
und Wasserball. In der Schule etablierte AGs
wie z.B. Tauchsport, die Zirkus-AG, die Marionetten-AG, das Schwarzlichttheater, Jugend
forscht, die Ausbildung von Paddys (Schüler ab
Jahrgang 8, die Patenschaften für neue 5. Klassen übernehmen) und die Zoo-AG erfreuen sich
immer wieder großer Beliebtheit. Erfreulicherweise können ca. 90 % der Schülerinnen und
Schüler ihren AG-Erstwunsch belegen.

Die AGs sind bei uns in der Regel jahrgangsübergreifend, was von den Schülerinnen und
Schülern positiv bewertet wird. Eventuelle Einschränkungen hinsichtlich des Alters der AG-Teilnehmer vermerken die AG-Leiter auf ihrem
„Werbeplakat" für die AG-Börse (z.B. Theater
SEK I). Unsere Schülerinnen und Schüler wählen die AG verbindlich für ein Halbjahr. Diese
Wahl lassen wir uns auch von den Eltern auf dem
Wahlzettel durch Unterschrift bestätigen.

Aus der Praxis:

Als sinnvoll erweist es sich, die Schülerinnen und
Schüler nach den Sommerferien noch einmal an ihre
AG-Wahl zu erinnern. Über die Sommerferien gerät
manches in Vergessenheit und verschwindet manches
Infoblatt.

Die Teilnahme an einer AG wird den Schülerinnen und Schülern durch eine Bescheinigung
bestätigt, die an die Lernentwicklungsberichte

(LEBs) angefügt wird. In dieser AG-Bescheinigung werden vermerkt: das Thema der AG, die Teilthemen (chronologisch geordnet), eventuelle Exkursionen / Teilnahme an Wettbewerben etc., die neu kennengelernten Werkzeuge etc., Bemerkungen zum einzelnen Schüler hinsichtlich Arbeits- und Sozialverhalten.

Wichtig ist es auch, mit den AG-Leitern konkrete Absprachen bezüglich des ersten AG-Termins zu treffen und diese frühzeitig den Schülerinnen und Schülern bekannt zu geben (Aushang: „Wann treffen wir uns wo?").

Aus der Praxis:

Bei auswärtigen AGs haben es die Kinder sehr begrüßt, zu den ersten beiden Terminen von der AG-Leitung in der Schule abgeholt zu werden. Danach kommen sie ganz gut selbstständig zurecht.

Rückblickend auf das erste halbe Jahr können wir sagen, dass die Entscheidung, die Wahl der AGs auf ein Halbjahr zu beschränken, richtig ist. Die Interessen der Schülerinnen und Schüler sind so vielfältig, dass die Chance, noch einmal einen ganz anderen Themenbereich zu erproben, gern genutzt wird. Ausnahmen bilden AGs wie Buddy/Paddy und Tauchsport, da dort ganzjährige Lehrgänge laufen, an deren Ende eine Prüfung steht. Zu überdenken ist, das Angebot der Arbeitsgemeinschaften zu reduzieren, so sehr das dem Gedanken entgegenzustehen scheint, möglichst viele Schülerinteressen und -fähigkeiten aufzugreifen. Die Erfahrung des ersten AG-Durchlaufs in dieser Organisationsform zeigt uns, dass die Vielzahl der Angebote einige Schüler bei ihrer Wahl eher verwirrt, als dass es ihnen viele neue Entfaltungsmöglichkeiten eröffnet.

Abschließend möchten wir anmerken, dass das „Öffnen der Schule" und das „Hereinholen von außerschulischen Partnern" in diesem Rahmen trotz des hohen Organisationsaufwandes für alle Beteiligten außerordentlich bereichernd ist. Für die Schülerinnen und Schüler im Sinne einer Möglichkeit zur Neuentdeckung und Erprobung der eigenen Fähigkeiten und Interessen; und für unsere außerschulischen Partner nicht zuletzt durch die Tatsache, dass sie uns als zuverlässigen Wirtschaftspartner gewinnen können.

AUF EINEN BLICK:
Organisation von AGs

▸ **AG-Interessen und eigene AG-Angebote der Schüler abfragen**
Schriftliche Abfrage per Formular über Klassenlehrer, Rücklauf an Organisationsleitung (ca. 2 Monate vor den Sommerferien)

▸ **Auswahl treffen und AG-Leiter akquirieren**
Kontakt zu ortsansässigen AG-Leitern aufnehmen. Rechtlich wichtig: Auf entsprechende Qualifikation der AG-Leiter achten (besonders im sportlichen Bereich)!

▸ **AG-Börse durchführen (ca. 5 Wochen vor den Sommerferien)**
Die potenziellen AG-Leiter informieren an einem Infotag über ihre AG (Inhalt der AG, Termine, Kosten, Teilnahmevoraussetzungen, Mindest-/Höchstteilnehmerzahl). Alle Informationsplakate auch nach diesem Tag zur Orientierung noch aufgehängt lassen!

▸ **Wahl der AGs durch die Schüler (direkt nach der AG-Börse bis spätestens 3 Wochen vor den Sommerferien)**
Erst- und Zweitwahl schriftlich über Wahlbögen (siehe Abb.), Rücklauf über Klassenlehrer an die AG-Organisationsleitung

▸ **Einteilung der Schüler in die AGs**
Bekanntgabe der Teilnehmerlisten ca. 1 Woche vor den Sommerferien über Stellwände und Klassenlehrer (sodass eventuelle Wechsel noch berücksichtigt werden können)

▸ **Kooperationsverträge bzw. Dienstleistungsverträge mit AG-Leitern schließen**
Bei Zustandekommen der einzelnen AGs können die Dienstleistungsverträge mit den Übungsleitern bzw. Kooperationsverträge mit den Vereinen geschlossen werden (hier verwenden wir handelsübliche Dienstleistungs- und Kooperationsverträge).

Leistung und Kompetenzen

Das Fordern von Leistung und das Fördern von Leistungsbereitschaft formuliert die Schule als die zentralen Ansprüche in ihrem Leitbild. Dabei geht es um den möglichst selbstständigen Erwerb und die Anwendung von Fach- und Methodenkompetenzen im Unterricht, aber auch darum, den Schülerinnen und Schülern fachübergreifende und gemeinwesenorientierte Handlungskompetenzen zu vermitteln. Darüber hinaus ist für die Schule – gerade auch als Ganztagsschule – von zentraler Bedeutung, soziale Kompetenzen zu vermitteln. Mit „Leistung" werden also insofern ganzheitlich Leistungen in allen Kompetenzbereichen gemeint.

Fachliche Kompetenz

Im Zentrum der Arbeit der Schule steht natürlich der Unterricht und die hier zu vermittelnde Fach- und Methodenkompetenz. Die Schule unterrichtet die Schülerinnen und Schüler in den Jahrgängen 5 bis 13 in den herkömmlichen Fächern, Ausnahme: die in der Sekundarstufe I unterrichteten integrierten Fächer Natur (aus Biologie, Chemie und Physik) und Gesellschaft (aus Geschichte, Politik und Erdkunde). Die meisten der von der Schule unterrichteten Un-

terrichtseinheiten sind nach einem schuleigenen Arbeitsplan selbst entwickelt worden und werden regelmäßig evaluiert und – wenn erforderlich – revidiert (vgl. S. 30). In der gymnasialen Oberstufe der Schule wählen die Schülerinnen und Schüler einen der vier Zweige Sprache, Naturwissenschaften, Kunst oder Gesellschaft.

Die Schule vergibt Abschlüsse vom Hauptschulabschluss bis zum Abitur. Nach Abschluss der 10. Klasse erwerben ca. 45 % einen erweiterten Sekundarabschluss I und ca. 55 % einen Sekundarabschluss I (ca. 40 % Realschulabschluss und ca. 15 % Hauptschulabschluss). Die Zahl der Schülerinnen und Schüler, die ohne Abschluss die Schule verlassen, bleibt mit unter 2 % verschwindend gering. Im Durchschnitt der vergangenen Jahre haben pro Jahr etwa 70 bis 75 Schüler an der gymnasialen Oberstufe die Schule mit Abitur verlassen, wobei sich das Gesamtergebnis der Prüfungen jeweils auf dem Niveau des Landesdurchschnitts bewegt hat und ca. 10 % der Schüler mit einem Notendurchschnitt besser als 2,0 die Prüfungen abgeschlossen haben.

Für den Erwerb von Sachkompetenzen ist der reguläre fächerbasierte Unterricht natürlich unverzichtbar, doch versuchen wir unsere Schülerinnen und Schüler auch dahingehend zu ermuntern, außerhalb des Unterrichtsalltags ihre Sachkompetenzen zu erweitern. Die Robert-Bosch-Gesamtschule pflegt zu diesem Zweck eine intensive Wettbewerbskultur in vielen verschiedenen Bereichen.

Bei der Durchführung von Wettbewerben stellen sich in der Regel Lehrerinnen und Lehrer als „Wettbewerbspaten" zur Verfügung. Die Teilnahme an extern ausgeschriebenen Wettbewerben geschieht manchmal aus dem Unterricht heraus; oft werden aber besondere temporäre Gruppen oder Arbeitsgemeinschaften eingerichtet. Die dabei von einzelnen Schülern, aber oft

Seit vielen Jahren beteiligt sich die Robert-Bosch-Gesamtschule an den naturwissenschaftlichen Wettbewerben „Jugend forscht" und „Schüler experimentieren" – mit großem Erfolg. Regelmäßig wird die Schule mit dem Sonderpreis des Kultusministeriums für besonders viele und gute Arbeiten ausgezeichnet. Aber es ist nicht nur die äußere Anerkennung, die die Schule erwirbt. Die Wettbewerbskultur prägt auch das Lernen und Lehren. Schüler- und Lehrergruppen arbeiten intensiv zusammen. Die am Wettbewerb beteiligten Kolleginnen und Kollegen treffen sich regelmäßig. In der schulischen „Forschungs-Community" hilft man sich untereinander, man tauscht sich aus und man ist stolz auf die geleistete Arbeit. Insofern trägt diese Wettbewerbskultur auch zu einer positiven Gestaltung des schulischen Gemeinwesens bei.

Die Fotos zeigen eine Auswahl von Arbeiten der Schülerinnen und Schüler:
Ein Schüler mit einem selbst entwickelten Blinkhandschuh für Fahrradfahrer (S. 74).
Drei „Forscher" im Technik-Raum der Schule beim Versuchsaufbau ihrer Magnetschwebebahn (oben).
Zwei Schüler haben sich damit befasst, unter welchen Bedingungen sich Luftspiegelungen bilden (unten).

Prima Klima   Organisationsschema zur
Prowo „Alternative Energien" im 6. Jahrgang

Liebe Kolleginnen und Kollegen!

Ziel der Prowo
Ziel dieser Projektwoche ist es, dass die Schüler sich mit möglichst vielen verschiedenen Aspekten des Energiebegriffs aktiv auseinandersetzen.

Organisatorische Umsetzung
Die Stammgruppen werden jeweils in zwei Gruppen aufgeteilt. Jede Gruppe hat für den Verlauf der Woche einen eigenen Plan, in dem die Reihenfolge festgeschrieben ist, in der die Lernstationen anzulaufen sind. Der Plan sollte möglichst so angelegt sein, dass die beiden Schülergruppen einer Stammgruppe an jedem Wochentag abwechselnd die beiden gleichen Stationen anlaufen, sodass Schüler einer Stammgruppe möglichst den gleichen Erfahrungshorizont haben. Am ersten Tag arbeiten die Schüler soweit möglich bei ihren Stammgruppenleitern.
Jeder beteiligte Kollege übernimmt eine Lernstation, an der die Schüler ein Thema über einen Zeitraum von zwei Stunden bearbeiten. Themenbereiche, die spielerische Aspekte enthalten haben sich in der Vergangenheit besonders bewährt. Im Folgenden finden sich Kurzentwürfe zu Themen, die in der Vergangenheit behandelt wurden. Es lohnt sich, die Kollegen anzusprechen, die an diesen Themen gearbeitet haben.

Beispiel für ein Ablaufschema:

Lehrer/ Lehrerin	Raum	Gruppen									
		MO		DI		MI		DO		FR	
A	D 1.8	6.1a	6.1b	6.2a	6.2b	6.3a	6.3b	6.4a	6.4b	6.5a	6.5b
B	B 1.1	6.1b	6.1a	6.2b	6.2a	6.3b	6.3a	6.4b	6.4a	6.5b	6.5a
C	Hörsaal	6.2a	6.2b	6.3a	6.3b	6.4a	6.4b	6.5a	6.5b	6.6a	6.6b
D	B 1.2	6.2b	6.2a	6.3b	6.3a	6.4b	6.4a	6.5b	6.5a	6.6b	6.6a
E	B 2.3	6.3a	6.3b	6.4a	6.4b	6.5a	6.5b	6.6a	6.6b	6.1a	6.1b
F	D 1.3	6.3b	6.3a	6.4b	6.4a	6.5b	6.5a	6.6b	6.6a	6.1b	6.1a
G	E 2.4.1	6.4a	6.4b	6.5a	6.5b	6.6a	6.6b	6.1a	6.1b	6.2a	6.2b
H	E 2.3 /RS	6.4b	6.4a	6.5b	6.5a	6.6b	6.6a	6.1b	6.1a	6.2b	6.2a
I	B 2.4	6.5a	6.5b	6.6*	6.6b	6.1a	6.1b	6.2a	6.2b	6.3a	6.3b
J	B 2.5	6.5b	6.5a	6.6b	6.6a	6.1b	6.1a	6.2b	6.2a	6.3b	6.3a
K	B 1.4	6.6a	6.6b	6.1a	6.1b	6.2a	6.2b	6.3a	6.3b	6.4a	6.4b
L	D 1.6	6.6b	6.6a	6.1b	6.1a	6.2b	6.2a	6.3b	6.3a	6.4b	6.4a

Zum Tagesablauf
Während der Prowo findet im 6. Jahrgang Unterricht von der ersten bis zur fünften Stunde statt. Die Schülergruppen besuchen jede Lernstation zwei Schulstunden lang. Wir bleiben dabei im Stundenraster der Schule. Die verbleibende Stunde findet bei den Stammgruppenleitern im Stammgruppen-Raum statt. Am Montag ist dies die erste Stunde. Hier sollen die Gruppen gebildet und die Materialien vorbereitet werden.
An allen anderen Tagen findet die fünfte Stunde bei den Stammgruppenleitern statt. Dann ist Gelegenheit mit der ganzen Stammgruppe noch einmal das Erlebte zu reflektieren und die Mappen aufzuarbeiten.

Zur Dokumentation der Prowo
Jeder Schüler führt für das Projekt eine eigene Mappe. Es ist sinnvoll darüber nachzudenken, ob diese Mappe nach dem Projekt in einem Fach (z. B. Naturwissenschaften) mit in die Bewertung einbezogen werden soll.
Es liegen für einige Bausteine dieser Prowo Konzeptpapiere vor. Sie finden sich auf den folgenden Seiten. Natürlich ist es schön und auch sehr erwünscht, wenn ihr andere Stationen entwickelt und ausprobiert. Im Sinne der Nachhaltigkeit wäre es schön, wenn diese neuen Ideen auch schriftlich fixiert würden. Der Ideenpool wächst auf diese Art, und wir haben alle etwas davon. Zur Beschreibung der neuen Station reicht ungefähr eine Seite. Fügt bitte je ein Exemplar der verwendeten Arbeitsblätter bei. Tipps und Hinweise zu alten Stationen sind natürlich auch willkommen. Für eure Mithilfe wäre ich dankbar.

Vorhandene Materialien
Die Unterrichtsmaterialien zu den fertigen Bausteinen, aber auch einige weitere Materialien finden sich in Schränken im Hörsaal Naturwissenschaften. Näheres dazu kann bei H. K., H. R. oder N. G. erfragt werden.

N. G.

Übersicht über die ausgearbeiteten Bausteine

Baustein Nr.	Titel	Inhalt	Autoren
01	Windenergie	Bau von Windwagen	R.
02	Photovoltaik	Strom aus der Sonne	T., G.
03	Energiesparen	Auswertung einer Befragung	P.
04	Wind	Versuche zur Windentstehung	N., G., D.
05	Schiffahrtsgeschichte	Bedeutung des Windes für die Schiffahrt	Gt.
06	Dampfkraft	Bau eines Ei-Dampfschiffs	G.
07	Energiespiel	Spielen eines Energiespiels	Gr.
08	Eigene Leistung	körperliche Leistungsfähigkeit mit der Leistung von Geräten Vergleichen	D.
09	Körperenergie	körperliche und mentale Energie	T.
10	Energiekosten	Kostenvergleich für richtiges und falsches Teekochen ermitteln	U.

Musterplan Stammgruppe 6.1 – Gruppe I

Euer Plan für die Woche vom 20.03. bis 24.03.

	1. Stunde	2. Stunde	3. Stunde	4. Stunde	5. Stunde
Montag	Stammgr.-Raum	Herr B. *D 1.8*		Herr G. *B 1.1*	
Dienstag	Herr L. *E 2.4.1*		Frau T. *Raum der Stille*		Stammgr.-Raum
Mittwoch	Frau G. *B 2.4*		Herr R. *B 2.5*		Stammgr.-Raum
Donnerstag	Herr A. *B 2.3*		Frau T. *D 1.3*		Stammgr.-Raum
Freitag	Frau N. *Hörsaal Natur*		Frau S.-K. *B 1.3*		Stammgr.-Raum

---

Organisationsplan zur Projektwoche „Prima Klima"

auch von Schülergruppen erbrachten Leistungen werden der Schulgemeinschaft gegenüber präsentiert und von der Schulleitung im Rahmen von größeren Schulveranstaltungen öffentlich gewürdigt. Anlass für die Wettbewerbsteilnahme sind oftmals besondere Ausschreibungen zu bestimmten Themen wie zum Beispiel zu historischen Fragestellungen. Hier gilt es, interessierte Lehrkräfte wie interessierte Schüler jeweils neu zu finden. Den größeren Umfang nehmen allerdings die jährlich wiederkehrenden Wettbewerbsrunden wie in den Naturwissenschaften etwa „Jugend forscht" oder „Das ist Chemie" ein. Hier gibt es relativ feste Zuordnungen von Kolleginnen und Kollegen.

Aus der Praxis

Unsere Schule beteiligt sich nicht nur an externen Wettbewerben, sondern führt auch eigenständig entwickelte Wettbewerbe durch – dies vor allem im sportlichen Bereich, aber auch durch Wissens- und Könnenswettbewerbe in den verschiedenen Jahrgängen. Ein schönes Beispiel hierfür ist der Wettbewerb „Egg-Race", bei dem die Schüler naturwissenschaftlich-konstruktive Aufgaben („Baue aus 5 Blatt DIN-A4-Papier und nicht mehr als 5 Gramm Kleber eine Brücke mit maximaler Tragkraft") lösen müssen. Hinzu kommt als „neue Form" der schuleigene „Robert-Bosch-Preis", bei dem es um möglichst gute soziale und andere Leistungen geht.

Wettbewerbe, so unsere Erfahrung, fördern mitnichten etwa nur den Egoismus der Schülerinnen und Schüler. Vielmehr bereichern sie das Schulleben, sie fördern die Leistungsbereitschaft und die Ich-Stärke und sie sind immer auch ein großes Erlebnis für die teilnehmenden Gruppen.

Schüler beteiligen sich an Wettbewerben

An den naturwissenschaftlichen Wettbewerben „Schüler experimentieren" und „Jugend forscht" nehmen seit vielen Jahren bis zu 50 Schülerinnen und Schüler jährlich teil, und viele errangen dabei Preise auf regionaler und Landesebene. Auch an den Wettbewerben „Das ist Chemie", „Känguru der Mathematik" und „Bundeswettbewerb Mathematik" (wo wir 2004 Bundessieger waren) beteiligen wir uns mit einer stetig wachsenden Zahl von Schülerinnen und Schülern. Seit diesem Schuljahr führen wir an unserer Schule Wettbewerbe nach dem Muster des „Egg-Race" in verschiedenen Jahrgängen durch. Wir beteiligen uns in großer Breite am Schreib- und Lese-Wettbewerb der „Stiftung Lesen", am Bundeswettbewerb Fremdsprachen „The Big Challenge" und haben selbst einen „Vorlesewettbewerb Sprachen" konzipiert. Im sportlichen Bereich beteiligen wir uns an „Jugend trainiert für Olympia".

Schüler arbeiten fächerübergreifend

Seit 1997 haben wir mit insgesamt 66 Klassen mit mehr als 1500 Schülerinnen und Schülern, 100 Lehrkräften und etwa 120 Eltern die „Sommerschule" erlebt und gestaltet: Der gesamte 8. Jahrgang fährt jeweils im Juni/Juli für acht Tage zur Sommerschule auf die kleine dänische Insel Aarö im Kleinen Belt bei Haderslev. Hier wird praktiziert und gelehrt, was im Leitbild der Schule gefordert wird: Erziehung zur Mitverantwortung und Bewahrung der natürlichen Lebensgrundlagen. (Näheres zu unserer Sommerschule im Kapitel S. 113.) Das „Baltic-Sea-Project" stellt seit 1991 den inhaltlichen Anschluss zur Sommerschule her. So hat die Schule z. B. aktiv am Sommercamp 2005 in Travemünde auf dem Schulschiff *Passat* mit dem Motto „Panta Rhei" unter dem Dekadenprojekt der UN „Recycling für nachhaltige Entwicklung" mitgewirkt. Die Teilnahme an der BSP-Conference 2007 in Stockholm stand unter dem Motto der UN „Vision and tradition – in the spirit of Linné towards a sustainable Baltic". „Prima Klima" heißt eine organisierte Unterrichtswoche, in der alle Schülerinnen und Schüler des 6. Jahrgangs verschiedene Aspekte des nachhaltigen Umgangs mit Energie in Erfahrung bringen können, indem sie an verschiedenen Stationen lernen.

Fachübergreifendes Arbeiten

Eine Reihe von Projekten der Robert-Bosch-Gesamtschule dient dem Ziel, dass Schülerinnen und Schüler sich in fachübergreifenden und gemeinwesenorientierten Bezügen Handlungskompetenzen aneignen.

In ihrem Leitbild hat sich die Schule dem Gedanken der Völkerverständigung verpflichtet. Dem wird ebenfalls durch eine Vielfalt von Projekten Rechnung getragen, die den Fachunterricht mit seinen entsprechenden Akzentuierungen ergänzen. Als Organisationsform ist dabei die klassische Projektwoche von Projekt- oder Praxistagen verdrängt worden.

Im 12. Jahrgang absolvieren die Schüler seit dreizehn Jahren ein in dieser Form in Niedersachsen einmaliges dreiwöchiges Fachpraktikum. Dieser außerschulische Lernort soll den Schülerinnen und Schülern die Möglichkeit eröffnen, anwendungsbezogenen Inhalten und Methoden ihrer Interessen- und Leistungsschwerpunkte in der Arbeitswelt oder an der Universität begegnen zu können. Im Vorfeld getroffene inhaltliche Absprachen münden in die obligatorische Facharbeit, die wiederum bei

Schüler setzen sich für die Gemeinschaft ein

Die Robert-Bosch-Gesamtschule – seit 30 Jahren eine UNESCO-Projektschule – stellt die Ziele der Friedenserziehung, der Völkerverständigung und die Bewahrung der Menschenrechte wie der natürlichen Lebensgrundlage in den Mittelpunkt ihrer pädagogischen Arbeit. Dabei arbeiten die Fächer Kunst, Deutsch, Gesellschaft, Religion, Natur, Musik, AWT, Englisch und Sport zusammen, außerdem gibt es Kooperationen mit außerschulischen Partnern.

Beispielsweise hat das Fach Kunst im Schuljahr 2005/2006 in verschiedenen Jahrgängen Projekte mit dem Thema „UNESCO-Weltkulturerbe" initiiert. Anlässlich der Jahrestagung der deutschen Abteilung der UNESCO haben Schülerinnen und Schüler dann an mehreren Praxistagen die Eröffnungsveranstaltung mit Beiträgen vorbereitet und mitgestaltet und eine begleitende Ausstellung präsentiert. Mit Partnerschulen in Polen und der Tschechischen Republik besteht bereits seit 1993 eine Kooperation im Rahmen des Comenius-Projektes. Die Arbeiten an dem Projekt „Wälder schützen Menschen – Menschen schützen Wälder" wurde im Jahre 2001 abgeschlossen, seit dem Jahr 2002 steht die Arbeit mit den Partnerschulen unter dem Motto „Geschichte erfahren – Europäische Zukunft gestalten". Im Schuljahr 2007/2008 war das zentrale UNESCO-Thema „Afrika", im laufenden Schuljahr 2008/2009 richtet sich der Fokus auf das Thema: „Eine Welt – eine Kultur? Eine Weltkultur", zu dem sich parallel ein neues Comenius-Projekt für das Jahr 2010 mit den Partnern Italien, Tschechien, Montenegro und Schweden in Planung befindet.

Lydia Höllings (UNESCO-Koordinatorin)

Im Rahmen des Kunstwettbewerbs „Heimat und Integration" der niedersächsischen UNESCO-Projektschulen stellten die Schülerinnen und Schüler aus dem 5. und 9. Jahrgang in den Fächern Kunst und Religion/Werte und Normen Objekte wie „Heimatbücher" und „Heimattüten" her, bei deren Erarbeitung sie sich sehr persönlich dem Thema näherten

entsprechender Qualität im Bereich Naturwissenschaft beziehungsweise Geo- und Raumwissenschaft zu einer „Jugend-forscht"-Arbeit ausgebaut wird.

Eine lange Tradition hat in der gymnasialen Oberstufe die Durchführung fächerverbindender Projekte der Leistungskurse, das Betriebspraktikum (vgl. S. 56). Das in Fächern erworbene Wissen wird unter einem gemeinsamen Rahmenthema angewendet. Die dazu erforderliche Fähigkeit von Synergie und Synthese ist im außerschulischen Alltag, vor allem aber in beruflichen und wissenschaftlichen Zusammenhängen als Schlüsselqualifikation inzwischen unabdingbar. Zudem entwickelt diese Form der Arbeit auch die Teamfähigkeit der Schülerinnen und Schüler.

Soziale Kompetenz

Die Arbeit der Robert-Bosch-Gesamtschule ist durch eine dritte Komponente wesentlich mitgeprägt, die Vermittlung sozialer Kompetenz: Zwar muss die Leistung jeder Schülerin und jedes Schülers in einer Ziffernnote am Ende der Schullaufbahn zum Ausdruck kommen, aber wir

Fächerverbindendes Arbeiten in der Oberstufe

Broschüre
„Wasser lokal–
Wasser global"

Das Projekt „Wasser lokal – Wasser global" wurde in den Jahren 1999/2000 von 7 Leistungskursen mit den Stadtwerken Hildesheim als Partner durchgeführt. Eine Ausstellung in dem Gebäude der Stadtwerke, Informationsveranstaltungen, Lesungen und Führungen durch Schülerinnen und Schüler in der Stadt Hildesheim sowie eine Broschüre waren die Ergebnisse der Arbeit. Höhepunkt war die Präsentation auf der EXPO 2000. Partner des Projektes „Wanderungen" im Jahr 2003 war die Volkshochschule Hildesheim. Mit dieser Thematik sollte der Stellenwert des Aspektes „Völkerverständigung" für die Arbeit der Oberstufe deutlich werden. Veranstaltungen, z. B. gemeinsam mit „Asyl e. V.", setzten hier besondere Akzente. Das anschließende Projekt mit dem Rahmenthema „Mobilität bewegte Menschen – Menschen in Bewegung" akzentuierte wieder stärker den ökologischen Aspekt. Die Projektarbeit stand weiterhin im Zusammenhang mit dem 100-jährigen Jubiläum des Stadtverkehrs

Hildesheim. Die Gestaltung eines Jubiläumsbusses, Lesefahrten, eine Talkshow und selbstverständlich die Gestaltung einer Ausstellung und die Produktion einer Broschüre waren Ergebnisse dieser Projektarbeit. Das diesjährige Projekt hatte z. B. das Thema „Essen und Trinken".

Klassen beziehungsweise Schülergruppen des 11. Jahrgangs beteiligen sich seit mehreren Jahren an dem von den Sparkassen in Niedersachsen initiierten „Start-up"-Wettbewerb und am Börsenspiel, um auf diesem Wege auch auf dem Gebiet der Wirtschaft (das Unterrichtsfach heißt gemäß der neuen Verordnung auch „Politik/Wirtschaft") Sach- und Handlungskompetenz zu erwerben.

Neuer Lernort seit diesem Schuljahr ist die neue Veranstaltungsreihe „Forum RBG". Bisher eher punktuell durchgeführte öffentliche Veranstaltungen erhalten eine Plattform, auf der von Schülerinnen und Schülern im Unterricht vorbereitete Themen mit Experten von außen vertieft und diskutiert werden. Die erste Veranstaltung wurde von Schülerinnen und Schülern der Schwerpunktfächer Geschichte und Politik des 12. und 13. Jahrgangs zum Thema „Gedenken und Erinnern" – im Übrigen ein Pflichtaspekt für die Abiturprüfung – gestaltet.

sind bestrebt, dass die Schülerinnen und Schüler durch eine Vielzahl von Leistungsanreizen und Leistungsangeboten grundlegende Sozialkompetenzen entwickeln können. Um sich die in diesem Bereich vielfältigen Aktivitäten in der Schule bewusst zu machen, hat die Gesamtkonferenz beschlossen, dass ein „Sozialer Lehrplan" erstellt wird, der dann in die Jahresarbeitspläne integriert wird. Ziel ist es, den Erwerb von fachlicher Kompetenz, Methodenkompetenz und sozialer Kompetenz als Einheit zu begreifen. Die auf S. 82 wiedergegebene Übersicht über den Sozialen Lehrplan der Schule spiegelt den aktuellen Entwicklungsstand. Als wir festlegten, welchen Kriterien ein Moderner Lehrplan entsprechen muss, hatten wir neben einer Fachin-

haltsfolge auch die verbindliche Festlegung und inhaltliche Anbindung der Universal- und Fachmethoden verabredet. Bei der Ausweisung des Sozialen Lehrplans der Schule wählten wir die gleiche Vorgehensweise.

Aus der Praxis:

Bei der Entwicklung des Sozialen Lehrplans haben wir – wie bei einer Inventur – den „Bestand" geprüft und den „Bedarf" ermittelt, um ein Spiralcurriculum zu realisieren: In einem ersten Schritt stellten wir die Unterrichtseinheiten zusammen, in denen soziale Lernziele formuliert sind, und die Aktivitäten, mit denen soziale Kompetenz gestärkt werden sollen. Die sozialen Lernziele ordneten wir Jahrgängen, Stufen und Fächern zu. Damit stellen wir die Altersangemessenheit sicher: Wir fragen uns, in welchem Jahrgang, in welcher sozialen Gruppe (ganze Klasse oder gleichgeschlechtliche Gruppen) und im Zusammenhang mit welcher Aktivität (Unterricht, Projekt, Klassenfahrt) die soziale Kompetenz ausgebildet werden soll. Bei der Anbindung an die Fächer versuchen in erster Linie der Fachbereich Gesellschaftslehre seine Schwerpunkte Mitbestimmung, Demokratie, Menschenrechte und der Fachbereich Natur die Schwerpunkte Ökosysteme und Umweltbildung zu systematisieren.

Der Soziale Lehrplan der Robert-Bosch-Gesamtschule: Schule als Lebens- und Arbeitsraum

Der Leitbegriff des Sozialen Lehrplans heißt: Verantwortung. Das Gelingen des Schullebens hängt vom verantwortlichen Handeln aller an ihm Beteiligten ab. Zur Übernahme von Verantwortung bedarf es einiger wichtiger, auf sie hinführender Qualifikationen. Der Soziale Lehrplan zielt auf den Erwerb dieser Fähigkeiten.

Diese Fähigkeiten nützen nicht nur dem Schulleben außerhalb des Unterrichts (Freizeit, Pausen), sondern prägen maßgeblich auch und gerade die Arbeitszusammenhänge im Unterricht. Soziales Lernen ist nicht nur ausdrücklich Unterrichtsgegenstand. Es wird, die Unterrichtsarbeit begleitend und sie *stützend*, gelernt und *erfahren*. Ermöglicht wird soziales Lernen im Unterricht, indem diesem ein klarer pädagogischer Rahmen gegeben wird. In diesem Rahmen können die oben genannten Fähigkeiten erworben werden und zum Tragen kommen.

Der Soziale Lehrplan zielt zentral auf die Entwicklung von Kommunikationsfähigkeit. Dazu gehören nicht nur Offenheit und Mitteilungsbereitschaft, sondern auch die Befähigung zur Wahrnehmung und zum Ernstnehmen von Entwicklungen im sozialen Umfeld. Nur so können Konflikte erkannt und bearbeitet werden. Zwischenmenschliche Verwerfungen und daraus entstehende Konflikte zerstören, wenn sie nicht erkannt und bearbeitet werden, Sozial- und Arbeitszusammmenhänge der Schule.

Die Schule folgt mit dem Sozialen Lehrplan dem Prinzip „vom Konkreten zum Allgemeinen". Aufsteigend von unteren Jahrgängen zu höheren sind in den Jahresplänen Module des Sozialen Lehrplans verankert. Diese Module sind spiralcurricular vernetzt. Es herrscht Kontinuität. Meist sind diese Module in Curricula der Fachunterrichte integriert. Die Zielsetzungen des Sozialen Lehrplans sind in Vereinbarungen zum „Pädagogischen Konsens" in allen Jahrgangsstufen verankert.

Als Beispiel der Jahrgang 8: Mit Bezug auf Selbstverantwortung gibt es Zielvereinbarungen über das schrittweise Erreichen des angestrebten Abschlusses (Verfügungsstunden beim Klassenlehrer). Im Fach Gesellschaftslehre geht es um verschiedene Arten der Sucht und um Suchtprävention. In einem Workshop geht es um Sexualaufklärung, Gefährdung durch AIDS und um die Aufklärung über Möglichkeiten der Verhütung. Im Rahmen des Angebotes von Arbeitsgemeinschaften arbeiten Schüler als „Paddys" unter den Leitbegriffen Verständnis, Toleranz und Verständigung, um in eigener Regie an der Beilegung von Konflikten mitzuwirken. Zu diesem Arbeitsfeld trägt der Deutschunterricht mit der Unterrichtseinheit „Miteinander reden – jemandem schreiben" bei. Hier lernen die Schüler die Grundlagen menschlicher Kommunikation kennen. Sie wissen so um die Bedingungen für gelingende Kommunikation und erkennen Ursachen für ihr Scheitern. Im Mittelpunkt der Arbeitsgemeinschaft „Fair for you" stehen die Ziele Eigenverantwortung und Verständnis für anders geartete Stile und Meinungen. Die Mitarbeit von Schülern in der Schülervertretung ergänzt dieses Tableau sozialen Lernens: Formulierung eigener Interessen und Umgang mit Methoden, diese in sozialer Verantwortung umzusetzen.

Im Fokus sozialen Lernens steht die Entwicklung von Teamfähigkeit. Zu diesem Zweck gehört zu den Standards im Jahrgang 8 die Teilnahme aller Schüler an der Sommerschule auf der Insel Aarö (Dänemark). Angebunden an das Fach Natur erkunden und untersuchen die Schüler in Teams Fauna und Flora der Insel und organisieren in einem hohen Maße eigenständig das Gemeinschaftsleben.

In den folgenden Jahrgängen bis hinein in die Oberstufe übernehmen die Schüler zunehmend selbst die Verantwortung für sich und das Schulleben. Fragen der Schullaufbahnentwicklung stellen sich und solche der Berufs- und Studienorientierung. Es geht um die Bewährung in Berufs- und Fachpraktika. Schulveranstaltungen werden geplant und durchgeführt: Podiumsdiskussionen zu aktuellen Themen, Schulabschlussfeiern nach dem 10. und 13. Schuljahr. Schüler höherer Jahrgänge übernehmen den Auf- und Abbau und die Wartung des Zeltlagers für die Sommerschule des 8. Jahrgangs. Im Jahrgang 9 können sich Schüler zu Schulsanitätern ausbilden lassen. Fragen werden gestellt zur Entwicklung der eigenen Person, zu Lebensrisiken und Lebenskrisen (Suizid, AIDS, Gewalt,

Geschlechtsidentität, Schwangerschaft, Suchtgefährdung, Gefährdung durch Sekten u. Ä.). Diese Fragen werden in Arbeitsgemeinschaften, in an Fachunterrichte gebundenen Projekttagen und in Präventionsveranstaltungen behandelt. Diese Aktivitäten ergeben sich nicht zufällig und nach Belieben von Lehrkräften, sondern sind verbindliche Bestandteile des Jahresarbeitsplans eines jeden Jahrgangs.

Im Jahrgang 11 besteht eine besondere Herausforderung dadurch, dass Schüler aus anderen Schulen in die Oberstufe eintreten und mit solchen der eigenen Schule zusammentreffen. Neben schon Genanntem geht es im Kern darum, dass auf der Grundlage des „Pädagogischen Konsenses" der Oberstufe die Schüler sich zu sozialen Diensten verpflichten, ihr Lernumfeld eigenverantwortlich gestalten und sich mit Respekt begegnen. Leitbegriffe, auf die sich die Schüler im Konsens verpflichten und orientieren, sind soziale Kompetenz und Arbeitskompetenz. Eine so konsequente Umsetzung des Sozialen Lehrplans in der Oberstufe ist den Schülern aus anderen Schulen einerseits oft neu. Andererseits bietet sie ihnen eine klare Orientierung und ist eine Hilfe für ihre Integration in die Schulgemeinschaft.

Neben einer sehr aktiven Schülervertretung wacht über die Sozial- und Arbeitsbeziehungen der Oberstufe ein „Schüler-Lehrer-Gremium", das Mitwirkungs- und Antragsrecht bei Stufenkonferenzen hat: Regelmäßig treffen sich 6 Schüler und 6 Lehrkräfte gleichberechtigt, um Fragen des Schullebens zu besprechen und Lösungen zu erarbeiten.

Das Kollegium der Oberstufe und die Stufenleitung widersprechen damit dem möglicherweise verbreiteten Eindruck, das Pädagogische könne angesichts fast erwachsener Schüler in den Hintergrund treten.

Der Soziale Lehrplan der Robert-Bosch-Gesamtschule

Jahrgang 5	**Soziales Lernen in der Eingangsstufe**

Verantwortung: Eigenverantwortung übernehmen für die sozialen Prozesse der Stammgruppengemeinschaft in den Verfügungsstunden/Klassenkonferenzen/Klassenräten • eigene Ideen und Interessen in Gruppenstundenteams einbringen • eigene Gefühle, Bedürfnisse und Anliegen erkennen und einbringen können (Projekt: mit Konflikten umgehen) • Interessen nachgehen in AGs • in der Unterrichtseinheit (UE) „Sexualunterricht" positive Auseinandersetzung mit der eigenen Geschlechtsidentität • Interessen vertreten lernen in der SV-Arbeit • Verantwortung übernehmen in Zoo AG, AG Instandsetzung, AG Schulverschönerung, Laden AG • über die Schöpfungsgeschichte in R/WuN über die Verantwortung für unsere Welt (bewahrende und gerechte Nutzung der Welt und ihrer Ressourcen) nachdenken • Verantwortung für die Umwelt (Müll und Energie) übernehmen (Natur) • auf dem Verkehrsprojekttag Regeln im Straßenverkehr kennenlernen (5–7)

Kommunikations-/Konfliktfähigkeit: Konflikte ansprechen und fair lösen können (Projekt: Umgang mit Konflikten, Einführung in das Streitschlichtangebot, Paddys) • sich in andere hineinversetzen können (Projekt: „Umgang mit Konflikten") • Konflikte austragen in der Stammgruppe und in den Gruppenstunden

Teamfähigkeit: Einführung in die neue Stammgruppen- und Schulgemeinschaft in UEs der Fächer • Entwicklung von Regeln für die Integration in die Stammgruppen- und Schulgemeinschaft und für den Arbeitsrahmen im Unterricht, Schulordnung, pädagogischer Konsens • auf Wandertagen die Gemeinschaft entwickeln • in den Gruppenstundenteams sich mit anderen arrangieren und kooperieren lernen • im Methodenbaustein „Gruppenarbeit/Kooperation" Teamfähigkeit erlernen • im Sportunterricht: sich an Regeln halten, im Team agieren, sich gegenseitig helfen, aufeinander Rücksicht nehmen, auf faire Weise im Wettbewerb gegeneinander antreten • in der Gemeinschaft feiern und Wettbewerbe austragen beim Spiel- und Sportfest und Spiel-Freude-Feiern-Fest (Religion/Werte und Normen [R/WuN]) • über Jahrgangsmotto/Geburtstagskalender/Jahrgangsveranstaltungen/Bildergalerie/Jahrgangsflyer/Jahrbuch zur Identität in der Jahrgangsgemeinschaft beitragen

Jahrgang 6	**Öffnen für den Anderen/das Andere**

Verantwortung: Arbeitsorganisation und Lernkompetenzen erlernen in den Methodenbausteinen „Lesetechniken", „Klassenarbeiten", „Plakatgestaltung" • beim Kinderfest Ideen entwickeln und einbringen und organisatorisch umsetzen lernen • sich darstellen lernen beim Vorlesewettbewerb und im Fabelworkshop • experimentieren und kreativ gestalten im Projekt „Prima Klima" • für den Weihnachtsmarkt Produkte herstellen und den Verkauf organisieren • in „Komm mit nach Afrika" (R/WuN) fremde Lebenswelten erschließen und als gleichberechtigte Kulturen wahrnehmen • beim Schwimmen Rettungsfertigkeiten erlernen und die Bereitschaft zum Helfen und Retten entwickeln

Kommunikations-/Konfliktfähigkeit: im Methodenbaustein „Aktives Zuhören" auf den anderen eingehen lernen • die Mechanismen von Mobbing kennenlernen und für sich und andere wirksame Lösungswege begehen können

Teamfähigkeit: auf der Stammgruppenfahrt einen sicheren Platz in der Gemeinschaft einnehmen • beim Kinderfest (Afrika) lernen, gemeinsam ein Fest für den Jahrgang vorzubereiten und zu gestalten und zu feiern • auf dem Schwimmfest sich im Team mit anderen messen • in UEs von Gesellsch., R/WuN sich mit der eigenen und anderen Gemeinschaften auseinandersetzen

Jahrgang 7	**Verantwortung übernehmen üben**

Verantwortung: in den Gruppenstunden soziale Verantwortung übernehmen im Altenheim- und Kindergartenprojekt • in der Schülervertretungs-Arbeit (SV) Mitverantwortung übernehmen für Anti-Mobbing und Konflikt-Deeskalationsplan, für Energiesparen, Toilettendienste und Mülltrennung

Kommunikations-/Konfliktfähigkeit: sich für Anti-Mobbing einsetzen in der SV • Projektthemen konzipieren, moderieren und präsentieren können in den Gruppenstunden

Teamfähigkeit: sich mit dem anderen auseinandersetzen: Besuch der Partnerschule in Lüneburg und Besuch der Partner in Polen • im Methodenbaustein „Kooperation" (in Vorbereitung) die Zusammenarbeit weiterentwickeln und reflektieren • Gruppenstunden: eigenständige Projekte in den Gruppenstunden – im Team planen, durchführen, präsentieren • den eigenen Horizont erweitern und sich auseinandersetzen mit anderen Lebensweisen und Regeln in Gesellschaften: „Überall in der Fremde" und „Leben in anderen Klimazonen" • auf Wandertagen Gemeinschaft (er)leben

▶

Jahrgang 8	**Soziales Lernen in der Mittelstufe**

Verantwortung: mit individuellen Zielvereinbarungen über das schrittweise Erreichen des angestrebten Abschlusses (Verfügungsstunde) eine erste Perspektive für sich entwickeln • in einem Projekttag (FB Gesellschaft) einen Anstoß bekommen, mit Versuchung/Sucht umzugehen und eigene Potenziale erkennen • mit der Gestaltung und Leitung der Verfügungsstunde das soziale Leben verantwortlich mitgestalten und Eigeninitiative entwickeln • Erwerben von sozialen Kompetenzen in der AG „Paddy" • als Paddys sich aktiv einsetzen: sich als selbstwirksam erleben, helfen, unterstützen, Eigeninitiative ergreifen, Verantwortung übernehmen, Probleme lösen und in Konflikten vermitteln können etc. • sich im Workshop „Aids und Verhütung" über die Gefahren der Sexualität informieren und Wege kennen, sich dagegen zu schützen

Kommunikations-/Konfliktfähigkeit: AG „Paddy": aktiv zuhören, konstruktives Feedback geben und mit Konflikten umgehen können • Deutsch UE „Miteinander reden – jemandem schreiben": Kennenlernen von Kommunikationsmodellen

Teamfähigkeit: Sommerschule Aarö: sich an Regeln halten, mit anderen konstruktiv zusammenarbeiten und -leben • Jg.-SV: Verantwortung in der Gemeinschaft übernehmen, sich Gehör verschaffen • AG „Paddy": Verständnis und Toleranz für anders geartete Meinungen, Positionen aufbringen • AG „Fair for you": Verantwortung übernehmen

Jahrgang 9	**Berufliche Orientierung**

Verantwortung: mit individuellen Zielvereinbarungen (Verfügungsstunde, Schüler-Sprechtag) über die Schullaufbahn bis Ende Jg. 9/10 eine Lebensperspektive für sich entwickeln • bei der Suche nach einem Praktikumsplatz Selbstverantwortung übernehmen • bei der Planung und Organisation einer Podiumsdiskussion sich für die Interessen der Gemeinschaft einsetzen und sie vertreten • durch aktive Mitarbeit (Lerncenter, Abschlussfeier Jg. 10) das soziale Leben verantwortlich mitgestalten • bei der Wartung des Sommerschullagers und der Mitarbeit beim Aufbau eine wirksame Rolle in der Gemeinschaft einnehmen, ebenso bei der Sanitäterausbildung • in der AG „Fair for you" Verantwortung übernehmen • beim Projekt „Suizidprävention" mit Krisen umgehen lernen und weiter Selbstvertrauen entwickeln • bei der Vorbereitung und dem Besuch der Gedenkstätte Bergen-Belsen erfahren, dass man sich gegen Unterwerfung und Zwang zur Wehr setzen soll • beim Projekttag „Aids, Sexualität und Schwangerschaft" Selbstverantwortung übernehmen • in R/WuN UE „Sekten" Ich-Stärke entwickeln

Kommunikations-/Konfliktfähigkeit: R/WuN „Schuld, Strafe, Gewalt": Vorbereiten auf das Leben außerhalb der Schonräume Familie und Schule • in Verfügungsstunden Moderationsfähigkeiten trainieren • die Methode „World Café" kennen und anwenden können

Teamfähigkeit: Vorbereitung der Stammgruppen-Fahrt Jg. 10: sich Gehör verschaffen, auf andere Rücksicht nehmen • Jg.-SV: s. Jg. 8 • Podiumsdiskussion organisieren: mit anderen konstruktiv zusammenarbeiten • AG „Fair for you": s. Jg. 9

Jahrgang 10	**Den Abschluss gestalten**

Verantwortung: mit individuellen Zielvereinbarungen (Verfügungsstunde, Schüler-Sprechtag) einen Platz im Berufs-/Schulleben finden • im Einsatz als Sanitäter Verantwortung für die Mitschüler übernehmen • bei der Planung und Vorbereitung der Abschlussfeier sich für die Interessen des Jahrgangs einsetzen • Sommerschullager: s. Jg. 9 • R/WuN „Liebe, Freundschaft, Sexualität": eine positive Geschlechtsidentität entwickeln

Teamfähigkeit: Jg.-SV: außerschulische Kontakte, konstruktive Zusammenarbeit • AG „Fair for you": s. Jg. 8 • Unterstützung, Durchführung von Sport-/Spielfesten: Verantwortung übernehmen, Außenstehende integrieren können

▶ Jahrgang 11	**Soziales Lernen in der gymnasialen Oberstufe**
	Verantwortung: in der SV-Arbeit die eigenen Interessen vertreten • in der Buddyarbeit andere unterstützen, Verantwortung für die Gemeinschaft übernehmen • mit sozialen Diensten Verantwortung für die Gemeinschaft übernehmen und das Umfeld gestalten • durch eine Reflexion der Entscheidung für die Oberstufe Verantwortung für den eigenen Lebensentwurf übernehmen • durch BIZ-Besuch die Schullaufbahn (Schwerpunktbildung) und die weitere berufliche Perspektive in die Hand nehmen • durch den Erwerb von Methodenkenntnissen eigenverantwortliches Arbeiten weiterentwickeln • eine Frustrationstoleranz beim Umgang mit Misserfolgen und Fehlschlägen entwickeln • durch Teilnahme an Wettbewerben die eigene Leistungsfähigkeit überprüfen • bei Sucht- und Drogenpräventionsmaßnahmen die Verantwortung für das eigene Leben übernehmen und im Falle von Abhängigkeit Lösungswege gehen können (Jg. 11/12/13)
	Kommunikations-/Konfliktfähigkeit: Konflikte/Probleme ansprechen und austragen/lösen zwischen Schüler/Lehrer und Schüler/Schüler
	Teamfähigkeit: sich in die Klassengemeinschaft, den Jahrgang, die Oberstufe integrieren • sich für Begegnungen mit anderen öffnen (Kreisau/Ostseeprojekt)
Jahrgang 12	**Integration in den Schwerpunkt**
	Verantwortung: mit neuen, erhöhten Anforderungen umgehen können • in einem Projekt (Seminarfach) eigenständig arbeiten • in angemessener Zeit Arbeiten und Aktivitäten erledigen (Zeitmanagement) • sich zusätzliche Ziele setzen („Jugend forscht") • sich auf Beruf bzw. Studium vorbereiten • sich in einem Bewerbertraining für Bewerbungen qualifizieren
Jahrgang 13	**Selbstständiges Arbeiten, Abitur und Abschluss selbst gestalten**
	Verantwortung: sich für Beruf oder Studium entscheiden • Bewerbungen organisieren • Stress aushalten
	Teamfähigkeit: sich gemeinsam auf das Abi vorbereiten • den Abschluss gestalten

Erziehung zur Verantwortung

Erziehung zur Übernahme von Verantwortung: Für den schulischen Alltag bedeutet dies Erziehung zu respektvollem Umgang untereinander, zu gewaltfreier Konfliktlösung und zum sorgsamen Umgang mit Sachen. Darüber hinaus geht es aber um gesellschaftliches Bewusstsein und um Verantwortungsübernahme im nahen und weiteren Umfeld der Schule und darum, Verantwortung auch für sich selbst zu übernehmen. Mit Konrad Lorenz gesprochen: „Wir sind nur ein kleines Teilchen eines Ganzen, aber jeder hat eine unendlich große Verantwortung."

Pädagogischer Konsens

Im Herbst 2003 hat die Gesamtkonferenz mit übergroßer Mehrheit ein „Leitbild" verabschiedet, das für die ganze Schule gilt. In ihm sind die allgemeinen Bildungsziele niedergelegt, und es ist auch gesagt, welches Menschenbild der Arbeit in der Schule zugrunde liegen soll. Das „Leitbild" setzt also Eckdaten für die Unterrichtsarbeit ebenso wie für den Umgang der Menschen in dieser Schulgemeinschaft miteinander.

Der „Pädagogische Konsens" konkretisiert und differenziert die Orientierungen des „Leitbildes". Er „übersetzt" das Leitbild in die Verpflichtung aller auf entsprechende Haltungen und Einstellungen und darauf, dass bestimmte Regeln eingehalten werden. In den Konsens einbezogen sind nicht nur Schülerinnen und

Schüler, sondern auch Lehrkräfte und – in der Sekundarstufe I – die Elternschaft. Gefordert sind Kompetenzen, die erworben werden müssen für die Arbeit im Unterricht (Arbeitskompetenz), und Kompetenzen, die im Unterricht und außerhalb des Unterrichts die Zusammenarbeit und das Miteinander von Lernenden und Lehrenden positiv prägen (Sozialkompetenz).

Die Entwicklung und der Erwerb von „Sozialkompetenz" und, darin eingebettet, von spezifischen „Arbeitskompetenzen" bedarf zur Unterstützung der Verpflichtung auf eine Reihe von Regeln. Regeln bedeuten nicht nur diese Verpflichtung, sondern auch Festigung und Sicherheit in der Selbstorientierung für Lehrkräfte, Schülerinnen und Schüler.

Der Pädagogische Konsens wird von allen in der Schulgemeinschaft Beteiligten entwickelt, begleitet, fortgeschrieben, gilt zu jedem Zeitpunkt als Vereinbarung zwischen diesen Beteiligten und findet Eingang in das detaillierte Regelwerk der Schulordnung. Alle, auch die Lehrkräfte, sind beteiligt, alle verpflichten sich per Unterschrift auf die Vereinbarungen zum Pädagogischen Konsens. So ist es möglich, in Konfliktfällen auf Selbstverpflichtungen der Beteiligten zurückzugreifen.

Konfliktlösungen durch Verantwortungsübernahme

Gegen Regeln des Pädagogischen Konsenses wird auch verstoßen. Das ergibt sich aus der Notwendigkeit der Regeln selbst – würde nicht gegen sie verstoßen, wären sie überflüssig. Um Regelverstöße aber zu vermeiden, ist zunächst präventive Vorarbeit notwendig. Dennoch entstandene Konflikte bedürfen eines Verfahrens und der Mittel zur Konfliktlösung. Grundprin-

→ weiter auf S. 88

Robert-Bosch-Gesamtschule
Hildesheim
Stammgruppe 5___

Zielvereinbarung
zwischen den Stammgruppenleitern und den Eltern

Mit dieser Zielvereinbarung legen wir fest, wie wir als Erziehungspartner miteinander umgehen und zusammenarbeiten und dabei die Aufgaben und die Verantwortung partnerschaftlich teilen.

Unser gemeinsames Ziel ist die bestmögliche Förderung aller Schülerinnen und Schüler der Stammgruppe.

Dabei wollen wir respektvoll und höflich miteinander umgehen.

Erwartungen der Stammgruppenleiter:
Wir wünschen uns, dass die Eltern …

Unterstützung des Kindes:
- Interesse daran haben, was ihr Kind in der Schule tut
- sich Zeit nehmen, mit ihrem Kind über Schulerlebnisse zu sprechen
- ihrem Kind helfen, pünktlich in der Schule zu sein
- ihrem Kind helfen, Schulmaterial zu beschaffen und zu organisieren
- Mappen und Rucksack durchsehen
- ihr Kind ausreichend mit Essen und Trinken ausstatten

Partner, nicht Gegner:
- die Lehrer als Partner, nicht Gegner sehen
- bereit sind zu Kontakt und Gespräch mit den Lehrern
- sich bei Problemen und Anliegen direkt an uns wenden
- Vertrauen in unsere pädagogische Kompetenz entwickeln
- Rückmeldungen als Hinweis, nicht als Angriff werten

Austausch:
- über den Planer mit uns Kontakt halten
- unsere Arbeit unterstützen
- in Schule und Erziehungsfragen mit uns zusammenarbeiten
- an Elternabenden und ähnlichen Veranstaltungen teilnehmen

Kommunikation:
- sich über Tests informieren
- wenn ihr Kind krank ist, dies vor Unterrichtsbeginn über das Sekretariat (Tel. 05121-746-0) mitteilen
- und später eine schriftliche Entschuldigung nachreichen
- sich an gemeinsam getroffene Absprachen halten

Instrumente:
- den sorgsamen Umgang mit den Instrumenten fördern
- dafür sorgen, dass ihr Kind am Wochenende übt

Erwartungen der Eltern:
Wir wünschen uns, dass die Stammgruppenleiter …

Motivationsförderung:
- Spaß am Unterricht/am Lernen vermitteln
- unsere Kinder motivieren
- den Unterrichtsstoff interessant vermitteln

fördern und fordern:
- den Kindern das Lernen des Lernens vermitteln
- schwache und starke Schüler fördern
- Kenntnisse und Leistung fördern
- zum Erreichen der Ziele steuernd helfen
- Hilfestellung zur Selbstorganisation geben

Einhaltung von Verabredungen:
- Termine in den Planer schreiben lassen

Sozialverhalten fördern:
- die Persönlichkeit der Schüler fördern
- soziale Handlungskompetenz fördern
- sozial aufmerksam sind
- eine angstfreie Atmosphäre erzeugen
- Gemeinsinn fördern
- die Klassengemeinschaft fördern
- frühzeitig Konflikte erkennen und handeln
- offen und pädagogisch handeln, wenn bei den Kindern einzelne ausgegrenzt werden

gerecht sein:
- gerecht sind und die Schüler gleich behandeln
- nur zu gerechten Sanktionen greifen

Kommunikation und Vertrauen:
- mit den Eltern zusammenarbeiten
- Information übergeben
- Rückmeldung über den Leistungsstand geben
- auf einen guten Informationsfluss achten
- offene Ohren und Zeit für die Schüler/innen haben
- bei Problemen rechtzeitig Rückmeldung geben

Weiteres:
- mit den Eltern und Schülern gemeinsam Unternehmungen durchführen

Mit ihrer Unterschrift bekunden die Stammgruppenleiter und die Eltern ihren festen Willen, sich an die hier festgelegten Vereinbarungen zu halten; nach Ablauf eines Jahres wird auf einem Elternabend diese Zielvereinbarung die Grundlage für eine Bestandsaufnahme des angelaufenen Schuljahres bilden.

Hildesheim, den 21. Januar 2009 _____   _____

Robert-Bosch-Gesamtschule
Vereinbarung zur guten Zusammenarbeit ab Jahrgang 8

Auszug aus der
Vereinbarung
„Wir ab dem 8. Jahrgang"

Selbstverpflichtung auf den
Pädagogischen Konsens
durch die Stammgruppenleiter
und Eltern im Jahrgang 5
(linke Seite)

Liebe(r) _____ !

Du bist nun schon seit einiger Zeit an der Robert-Bosch-Gesamtschule und hast viele Erfahrungen gesammelt. Du hast viel gelernt und dich hoffentlich wohlgefühlt. Bei einer Schule dieser Größe und den vielen Stamm-gruppen hat es bestimmt auch Probleme gegeben. Leider läuft nicht alles immer so glatt, wie wir uns das wünschen.

Aus diesem Grund schließt die Schule die unten stehende Vereinbarung mit allen Schülerinnen und Schülern des Jahrgangs. Da auch du älter geworden bist und im Unterricht mehr differenzierte Fächer und WPK-Fächer hinzukommen, steigt auch deine Verantwortung, die du im Schulleben trägst.

Durch die Unterschrift des Jahrgangsleiters wird dir versichert, dass sich an unserer Schule alle Personen an die Grundsätze des Leitbildes der Robert-Bosch-Gesamtschule gebunden fühlen.

Ich habe das Leitbild der Robert-Bosch-Gesamtschule gelesen, verstanden und unterstütze den Inhalt.

Das bedeutet:

1. Ich möchte in der Schule möglichst ohne Angst leben und arbeiten. Ich werde meine Mitschülerinnen und Mitschüler so behandeln, wie ich selbst auch gern behandelt werden möchte.
2. Ich will die Regeln an der Schule und im Unterricht einhalten und anderen dabei helfen dies auch zu tun.
3. Ich störe den Unterricht nicht und trage zu einer angenehmen Lernatmosphäre bei.
4. Als Mitglied der Schulgemeinschaft werde ich tolerant, hilfsbereit und respektvoll zu allen anderen sein und mich für diese gute Gemeinschaft einsetzen.
5. Ich weiß, dass ich für mein Handeln verantwortlich bin.

Hildesheim, den _____   Stammgruppe _____

_____   _____
Unterschrift der Schülerin/des Schülers   Unterschrift des Jahrgangsleiters

Liebe Eltern von _____ !

Um das gemeinsame Miteinander an unserer Schule im Sinne des Leitbildes mit Ihrem Kind zusammen zu gestalten, bitten wir Sie, mit Ihrem Kind, dem Leitgedanken der Schule entsprechend, die Vereinbarung zu unterzeichnen.

Um das Wohl und die Leistung Ihres Kindes zu fördern ist eine aktive Zusammenarbeit notwendig, und wir als Schule gehen davon aus, dass Sie das für Sie Mögliche dazu tun.

_____
Unterschrift der Erziehungsberechtigten

Begleitende Einführung zum Beschwerdepapier

Zum Umgang mit Beschwerden bei uns

Liebe Eltern!

Als Sie Ihr Kind bei uns an der Schule angemeldet haben, hatten Sie sicherlich die Erwartung, dass sich Ihr Kind hier gut aufgehoben fühlt und entsprechend seinen Fähigkeiten gefördert und gefordert wird. Im realen Schulalltag läuft nicht immer alles so, wie Sie es sich vorgestellt oder gewünscht haben. Für das schulische Geschehen sind wir Lehrer zuständig. Also richtet sich in vielen Fällen Ihre Enttäuschung, Ihr Ärger, Ihre Kritik gegen uns Lehrer. Aber wie nun können Sie das, was Ihnen missfällt, zum Ausdruck bringen ?

Es fällt uns allen nicht immer leicht, Kritik anzubringen und erst recht nicht, Kritik anzunehmen. Zu schnell sind auf beiden Seiten Empfindsamkeiten, Ängste und verletzte Gefühle im Spiel. Oft stört uns die Art, in der Kritik vorgetragen wird, oder der Ton.

Wir glauben, dass es für alle Beteiligten richtig und wichtig ist, dass wir uns gegenseitig wissen lassen, was uns stört, was uns fehlt und in welchen Erwartungen wir enttäuscht sind, so dass wir darüber miteinander ins Gespräch kommen können.

Nur dann haben wir die Chance gemeinsam und konstruktiv Veränderungen herbeizuführen.

Aber wir wünschen uns auch, dass wir alle dabei respektvoll und fair miteinander umgehen.

Aus diesem Grunde empfehlen Ihnen Schule und Beratungsdienst, sich im Falle einer Beschwerde an dem Leitfaden zu orientieren, der vor Jahren von einer Arbeitsgruppe für den Umgang mit Beschwerden für Eltern entwickelt wurde. Er wurde von der Gesamtkonferenz verabschiedet und vom Beratungsdienst noch einmal bearbeitet.

Wichtiger Grundsatz dieses Leitfadens ist, sich bei Ärger, Kritik und Beschwerde zunächst **direkt** an den Verursacher / die Verursacherin zu wenden. Nur so erhält die betroffene Person die Chance zu erfahren, welche Kritik ihr gegenüber besteht, und kann sich dazu äußern bzw. verhalten. Erst wenn dieser Klärungsversuch gescheitert ist, erscheint es uns angebracht, die nächst höhere Ebene (entsprechend der im Leitfaden vorgegebenen Reihenfolge), die zuständig ist, einzuschalten.

Aus unserem Leitfaden für Konfliklösungen

▸ **Nachfragen zu Beurteilungen, Zensuren, Kurszuweisungen** (an die betroffene Lehrkraft wenden, dann die Stammgruppenleitung, Jahrgangs- oder Fachbereichsleitung, Stufenleitung)
▸ **Nachfragen zu Schülerverhalten – Lehrerreaktion** (an die betroffene Lehrkraft wenden, dann die Stammgruppenleitung, Jahrgangsleitung, Stufenleitung)
▸ **Kritik an Lehrkräften** (an die betroffene Lehrkraft wenden, unter Umständen mit der Hilfe der Jahrgangsleitung und der Stufenleitung, falls das Problem dadurch nicht gelöst werden kann an die Jahrgangsleitung, Stufenleitung, Schulleitung)
▸ **Schiedsverfahren** (Einleitung einer akzeptablen Lösung durch den Ältesten/die Älteste aus dem Schulelternrat, der Lehrerschaft und der Schülervertretung – die am Schiedsverfahren Beteiligten dürfen vom aktuellen Konflikt nicht direkt betroffen sein)
▸ **Sonderfall Anfechtung einer Zensur** (der Gesetzgeber hat die Verantwortung der einzelnen Lehrkraft ausdrücklich festgeschrieben, sodass weder die Stammgruppen-Konferenz noch die Schulleitung eine Zensur abändern können; nur die Schulbehörde kann eine Zensur dann aufheben oder abändern, wenn die Überprüfung schwerwiegende Fehler ergeben hat)

Brief an die Eltern zum Umgang mit Beschwerden (aus dem Schuljahrbuch)

zip ist dabei, auch Schülerinnen und Schüler zu befähigen, sich aktiv an Konfliktlösungen zu beteiligen und sie dann für die Lösung in die Verantwortung zu nehmen. Dabei liegt die Verantwortung auch bei denen, die nicht Konfliktbeteiligte sind. Es gelten zwei Prinzipien: „Wir sind eine Klasse und Teil einer Schulgemeinschaft" und: „Ein Konflikt kann nicht ohne die Beteiligten bearbeitet werden". Um in diesem komplexen Feld stabile Grundlagen zu haben, verfügt die Schule über einen Beratungsdienst, der aus Lehrkräften besteht. Er hat eine Ausbildungs- und Steuerungsfunktion und kann erforderlichenfalls zurate gezogen werden. Dass möglicherweise Sanktionen nach Regelverstößen folgen müssen, ist allen Mitgliedern der Schulgemeinschaft bekannt.

Aus der Praxis:
Unsere Schule hat konkrete Empfehlungen erarbeitet, wie mit Konfliktfällen umgegangen werden soll. Konflikte sollen möglichst frühzeitig mit den Beteiligten gelöst, Eskalationen vermieden werden. Selbstverständlich setzen unsere Empfehlungen keine Rechtsvorschriften außer Kraft – alle Eltern können im Konfliktfall den Rechtsweg beschreiten. Dennoch wird ihnen empfohlen, sich vorher an die Personen der Schule zu wenden, auf die unser Leitfaden (Näheres dazu oben auf dieser Seite) hinweist: In den allermeisten Fällen werden sich Konflikte dann bereits auf der „Ebene der direkt Betroffenen" lösen lassen. Auf jeder Ebene des Konfliktes kann der psychologische Beratungsdienst der Schule von den Beteiligten in Anspruch genommen werden. Der Beratungsdienst bietet Gespräche und Mediation an.

Sanktionen bei Regelverstößen

Regelverstößen begegnet man am besten durch Vorbeugung. Aber wenn gegen Regeln, mit denen sich die Beteiligten einverstanden erklärt haben, verstoßen wird, sollte diesem Regelverstoß mit klaren Konsequenzen begegnet werden. Die Robert-Bosch-Gesamtschule hat sich auf folgende Maßnahmen geeinigt:

- **Zuspätkommen:** Aufstellen einer Minutenliste bis 45 Minuten; danach: Nacharbeit von 1 Stunde mit Benachrichtigung der Eltern
- **Nachlässiges Arbeitsverhalten:** Kontrollheftführung; Aufkleben eines individuellen Regelkatalogs auf dem Schülertisch; regelmäßige Telefonate mit Eltern
- **Unerlaubtes Verlassen des Schulgeländes:** Verbringen der Mittagspause an festgelegter Stelle, zum Beispiel in der Eingangshalle; Benachrichtigung der Eltern
- **Rauchen auf dem Schulgelände:** Benachrichtigung der Eltern
- **Handy, Gameboy, Walkman im Unterricht:** Abnehmen der Gegenstände bis Unterrichtsschluss; gegebenenfalls Rückgabe nur an Eltern (Abholung)
- **Beleidigungen Schüler/Schüler:** Gespräch mit Entschuldigung über Wiedergutmachung; Konfliktlotsen; Bestellung von „Konfliktbeobachtern" in der Gruppe; kurzfristige Isolierung der Konfliktpartner mit der Auflage, zu einer Vereinbarung zu kommen
- **Mobbing:** Sozialtraining; Schwache stärken; Beratungsdienst in Anspruch nehmen; Ausschluss von außerunterrichtlichen Vorhaben
- **Beleidigung Schüler/Lehrer:** Gespräch mit Entschuldigung über Wiedergutmachung; Abmahnungsgespräch mit Eltern; Klassenkonferenz
- **Sachbeschädigung:** Wiedergutmachung des angerichteten Schadens; Elternbenachrichtigung; gegebenenfalls Anzeige
- **Diebstahl:** Klassenkonferenz; Anzeige; Jugendamt einschalten
- **Rangelei:** Gegenseitige Entschuldigung, Konfliktlotsen
- **Körperliche Gewalt:** Abmahnungsgespräch mit Eltern; Klassenkonferenz
- **Drogenbesitz, -konsum, -handel:** Klassenkonferenz; Anzeige

WAS DIE PADDYAUSBILDER ÜBER DIE PADDYS SAGEN:

Uns macht es ganz viel Spaß mit den Paddys zusammenzuarbeiten. Sie sind sehr engagiert, eigenständig und ideenreich. Viele von ihnen investieren einen Teil ihrer Freizeit (die an unserer Schule durchaus rar ist) für ihre Arbeit mit den Fünftklässlern. Das finden wir sehr anerkennenswert.

Natürlich läuft in ihrer Arbeit nicht immer alles reibungslos. Es geht auch darum, mit schwierigen Situationen und mit Frust, Enttäuschung, Ablehnung und Anstrengung umzugehen und Lösungen dafür zu finden. Auch kostet es Kraft, neben den Anforderungen des normalen Schulbetriebs die anfangs angestrebte Verbindlichkeit einzuhalten. Mit wunderbarer gegenseitiger Unterstützung klappt das bisher jedoch ganz toll. Wir alle lernen bei diesem Unterfangen eine ganze Menge und haben auch noch Spaß dabei.

Matthias Reisener und Christiane Temme

AG „Paddy": Kaya und Tessa, Bildmitte, im Gespräch mit ihren Schützlingen aus dem 5. Jahrgang (oben)

Aus dem Schuljahrbuch (links)

Schüler-Paddys bei der Arbeit

Kaya, 8-Klässlerin, berichtet, dass sie schon vor der Einschulung des neuen 5. Jahrgangs – bei einem ersten Treffen der neuen Eltern und Kinder vor den Sommerferien – Kontakt zu ihren „Schützlingen" aufgenommen hat: spielend hat sie sie kennengelernt. Dann, zu Beginn des Schuljahres, wurde es Ernst: „Wir waren bei den ersten Methodentagen in unserer Paddy-Klasse und haben die Klassenlehrer unterstützt." In den ersten Tagen seien sie besonders gefordert gewesen: „Wir mussten ihnen doch helfen, sich in der großen Schule zurechtzufinden." Und Tessa, ebenfalls 8. Jahrgang, ergänzt: „Uns macht es richtig Spaß, die Kleinen zu unterstützen, zumal sie unsere Hilfe gerne annehmen und sich jedes Mal freuen, wenn wir in ihre Klasse kommen."

Einige Schülerinnen und Schüler übernehmen eigenverantwortlich die Aufgaben von Streitschlichtern. Das sind die „Paddys" der Schule – Schülerinnen und Schüler aus den Jahrgängen 8–11, die vom Beratungsdienst ausgebildet werden, ein eigenes Büro haben und zu festen Zeiten bei Konfliktfällen in Anspruch genommen werden können. Sie übernehmen nicht nur Verantwortung für die Umsetzung des Pädagogischen Konsenses, sondern verstehen sich auch als Streitschlichter und Hüter eines Sozial- und Arbeitsklimas, das Lernen und Arbeiten in der Schule fördert. Sie werden für ihre Aufgabe sorgfältig in AGs vorbereitet.

Darüber hinaus übernehmen sie seit zwei Jahren Patenschaften für die Klassen des 5. Jahrgangs. Sie sind Ansprechpartner für die „Kleinen" nicht nur in Konfliktfällen, sondern auch bei der Bewältigung von alltäglichen Problemen.

Die UNESCO-Aktivitäten der Schule

Die Robert-Bosch-Gesamtschule, in diesem Jahr seit dreißig Jahren UNESCO-Projekt-Schule und damit Teil eines internationalen Netzwerkes, stellt die Ziele der Friedenserziehung, der Völkerverständigung und die Bewahrung der natürlichen Lebensgrundlage in den Mittelpunkt ihrer pädagogischen Arbeit. Diese UNESCO-Gedanken ziehen sich wie ein roter Faden durch die gesamte Bildungsarbeit der Schule. Entsprechende Themen sind im Unterricht aller Jahrgänge fest verankert und werden bereits in den Jahresplänen (zum Beispiel bei der Sommerschule auf der dänischen Insel Aarö und beim Ostseeprojekt), bei den Arbeitsgemeinschaften (zum Beispiel: Beth Shalom und Fair for you) sowie bei der Durchführung von Projekten berücksichtigt. Außerdem stehen auch internationale Schulpartnerschaften (unter anderem mit Polen und Tansania) ganz im Zeichen der UNESCO-Arbeit und -Inhalte. Nicht nur bei der Vorbereitung großer Projekttage beispielsweise zu den Jahresthemen der UNESCO liegen inhaltliche und organisatorische Verantwortung bei Fachbereichen und Jahrgängen, unterstützt durch die UNESCO-Koordination. Die frühzeitige Planung und Berücksichtigung in den Jahresplänen ermöglicht intensiven Austausch und fächerübergreifende Unterrichtseinheiten.

Ein wesentlicher Schwerpunkt der Schule liegt darüber hinaus in der regelmäßigen Zusammenarbeit mit außerschulischen Partnern wie Theater, Theaterpädagogischem Zentrum, Museen und der Universität Hildesheim. Die Schule ist vernetzt mit Institutionen der Dritte-Welt-Arbeit, Gäste aus Kultur und Politik finden immer wieder ihren Weg in die Schule, Ausstellungen mit den Ergebnissen aus Unterricht und Projektarbeit finden auch außerhalb der Schule, zum Beispiel im Rathaus und in der Volkshochschule, statt. Die intensive Mitarbeit der Schule im Netzwerk der niedersächsischen und deutschen UNESCO-Projektschulen – nicht zuletzt auch wieder in einzelnen regionalen Netzwerken – trägt zu einem regelmäßigen aktuellen Gedankenaustausch bei.

„Bildung für nachhaltige Entwicklung" (BNE) ist an der Robert-Bosch-Gesamtschule systematisch in Unterricht und Schulalltag verankert – dafür wurde die Schule in den vergangenen Jahren immer wieder als UN-Dekade-Projekt ausgezeichnet. Als Themen für Projekte fächerübergreifender Arbeit aller oder vieler Jahrgänge in den vergangenen Jahren seien Afrika, die Menschenrechte, Heimat und Integration sowie – ganz aktuell – das Weltkulturerbe genannt.

Einsatz für Umwelt, Gemeinschaft und Demokratie

Die Hildesheimer UNESCO-Projektschule legt großen Wert auf eine umfassende und ganzheitliche Umwelterziehung. Im Fachunterricht, aber auch fächerübergreifend erfahren die Schülerinnen und Schüler eine Vielzahl von diesbezüglichen Themen- und Fragestellungen. Die Schule besitzt ferner einen großen eigenen Schulgarten mit einem intensiv für Unterrichtszwecke genutzten Schulteich. Schülerinnen und Schüler

Schülerinnen erkunden die Vegetation im Naturschutzgebiet Mastberg. Die Schule ist ein Pate dieses Naturschutzgebietes.

arbeiten im nahe gelegenen Naturschutzgebiet, der gesamte 8. Jahrgang durchläuft das Projekt „Sommerschule" in Dänemark und die Schülerinnen und Schüler kümmern sich um die Umweltsituation in Tansania (die Schule hat eine Patenschule in Ihanja), Nowosibirsk (wo sich eine Partnerschule befindet) und in den USA. Regelmäßig und mit großem Erfolg beteiligen sich Schülerinnen und Schüler an Umweltwettbewerben. Die Schule ist seit 1996 jedes Jahr als „Umweltschule in Europa" zertifiziert. Hinsichtlich Authentizität und Glaubwürdigkeit hat die Schule mithilfe intensiven Sponsorings auch eine Reihe von baulichen Anstrengungen zum sorgsamen Umgang mit den natürlichen Ressourcen unternommen: Mehrere Dächer wurden begrünt, das Regenwasser wird ins Grundwasser versickert und teilweise für die Toilettenspülung genutzt, ein eigenes Blockheizkraftwerk produziert neben Strom auch die Wärme für das gesamte Gebäude, eine eigene Fotovoltaik-Anlage dient Unterrichtszwecken. Dazu gibt es das Programm „Prima Klima" mit Energiedetektiven und Energiewettbewerben. Weiterhin sind diese ökologischen Bestrebungen in den Lehrplänen der Fächer verankert.

Seit über dreißig Jahren wirken in den Klassen 5–7 Eltern in den sogenannten Gruppenstunden mit, indem sie eine Kleingruppe von ca. sechs Schülerinnen und Schülern (in der Regel eine Tischgruppe) aus der Klasse ihres Kindes bei selbst geplanten Vorhaben für den Zeitraum einer Doppelstunde betreuen. Zurzeit kommen 150 Eltern regelmäßig in die Schule, um in den Gruppenstunden mitzuarbeiten. Diese Eltern übernehmen Verantwortung, lernen ihre Kinder im Kreis anderer und der Lehrerinnen und Lehrer kennen, erfahren Schule aus manchmal auch überraschender Perspektive (vgl. dazu das folgende Kapitel).

Der systematischen Entwicklung sozialer Kompetenz dient ein 12-stündiges Trainingsprogramm zur kooperativen Konfliktlösung, das in allen 5. und 6. Klassen durchgeführt wird. Das Ziel dieses Programms besteht darin, eine Klassengemeinschaft heranzubilden. Bereitschaft, sich für die Gemeinschaft einzusetzen, erfordern auch zahlreiche andere Projekte: Schülerinnen und Schüler vorwiegend der unteren Jahrgänge betreuen, auch in den Ferien, den Schulzoo (siehe auch S. 92). Schülergruppen des 7. Jahrgangs besuchen im Rahmen der Gruppenstunden Altenheime und übernehmen dort regelmäßig Aufgaben der Betreuung. Neuntklässler verkaufen in den Pausen Produkte aus Fairem Handel. Schülerinnen und Schüler aus dem 9. und 10. Jahrgang stehen als ausgebildete Schulsanitäter bei Unfällen oder Blessuren zur Verfügung (über Schul-Handy jederzeit erreichbar). „Die Großen helfen den Kleinen": Unter der Regie der Schülervertretung unterstützen Oberstufenschülerinnen und -schüler mit ihren Kenntnissen die Unterrichtenden in den unteren Jahrgängen in den Arbeitsstunden, in Einzelfällen übernehmen sie individuelle Patenschaften (siehe auch S. 89). Regelmäßige karitative Sammlungen dienen der Unterstützung von Hilfsorganisationen für Bedürftige im Umfeld der Schule. Die Oberstufen-Schülervertretung organisiert Feste und der Jahrgang 11 ist mit der Wahrnehmung diverser sozialer Dienste im

AG Schulzoo

7.30 Uhr. Tabeas, Artemis', Carmuys und Janas erster Weg führt die Siebtklässlerinnen, wie jeden Morgen, zum Schulzoo: „Wir müssen doch gucken, wie es unseren Tieren geht!" Das wird nicht der einzige Besuch bleiben. Einmal pro Tag verbringen sie und weitere Klassenkameraden eine 25-minütige Pause dort. Für Dornschwanz, Schildkröte, Leguane und Vögel muss Futter geschnitten, das Trinkwasser gewechselt, der Kot entfernt werden. Donnerstags dann, in der zweistündigen Arbeitsgemeinschaft, geht's gründlicher zu: Das „Badewasser" muss gewechselt, der Sand gesiebt, die Blumen in den Terrarien gegossen werden. Und da die Schulzootiere keinen Urlaub kennen, gibt es einen Betreuungsplan für die Ferien. An drei Tagen waren die Siebtklässlerinnen in den Herbstferien an ihrem Arbeitsplatz.
Seit anderthalb Jahren machen sie nun diesen Job. Warum? „Es macht doch Spaß und wir sorgen dafür, dass unsere Eingangshalle so schön bunt bleibt."

AG „Schulzoo": Pflege des Terrariums unter fachkundiger Anleitung

Oberstufenbereich betraut. Darüber hinaus arbeitet die Schule mit Lerngegenständen aus dem unmittelbaren lokalen Umfeld – und umgekehrt wirkt die Schule durch ihre Aktivitäten in das lokale Umfeld hinein.

Mitglieder der Schülervertretung der Oberstufe planen und führen regelmäßig zu aktuellen politischen Fragen und insbesondere vor Wahlen Veranstaltungen für die Schülerinnen und Schüler mit meist hochkarätigen Referenten und Diskussionsteilnehmern durch: Demokratische Bildung liegt in der Verantwortung der Schülerinnen und Schüler. Demokratisches Bewusstsein wird auch durch Erinnern gebildet: Die älteste AG der Schule, „Beth Shalom", sorgte für den Wiederaufbau der Jüdischen Kapelle auf dem Nordfriedhof der Stadt, betreut die Kapelle und den angrenzenden Jüdischen Friedhof als Orte des Gedenkens. Es gibt vielfältige Kontakte zu ehemaligen jüdischen Bürgern der Stadt in aller Welt. Die UNESCO-Gruppe der Schule organisiert zusammen mit der Schülervertretung jährlich am 9. November einen Schweigemarsch von der Jüdischen Kapelle durch die Innenstadt zum Mahnmal am Ort der von den Nationalsozialisten niedergebrannten ehemaligen Synagoge. Diesem Schweigemarsch schließen sich Schülerinnen und Schüler anderer Schulen der Stadt an. Die Fahrt des 9. Jahrgangs zum ehemaligen Konzentrationslager Bergen-Belsen ist obligatorischer Bestandteil des Jahresplans und Teil des

Rollenspiel im Fach Politik, Jahrgang 12

Curriculums der Fächer Deutsch, Religion und Gesellschaftslehre.

Erziehung zu Demokratie wird auch in der Schule praktiziert: Der Lehrer-Schüler-Ausschuss in der Sekundarstufe II ist ein paritätisch besetztes Konsensgremium, das von der Oberstufenkonferenz konstituiert wurde. Der Ausschuss ist zusammengesetzt aus sechs Schülerinnen oder Schülern, sechs Lehrkräften, mit wechselndem Vorsitz und vier Sitzungen pro Halbjahr. Er hat Antragsrecht für die Oberstufenkonferenz.

Transparenz und Beteiligung

Da es Ziel der Schule ist, alle in der Schulgemeinschaft in die Verantwortung zu binden, hat die Kollegiale Schulleitung sichergestellt, dass sich alle auch darüber informieren können, was jeweils in der Schule vorgeht und an welchem Ort und mit welchen Mitteln sie sich daran beteiligen können. Die Mitbestimmungsmöglichkeiten sind für Eltern und Schülerschaft zum Teil über das Maß dessen hinaus ausgebaut, das das Schulgesetz vorschreibt. Die Schule ist im Rahmen der Rechts- und Verwaltungsvorschriften dezentral organisiert, sie verfügt über gestufte Entscheidungsstrukturen. Für die Mitwirkung der Eltern (eigene Elternfortbildung), vor allem aber der Schülerinnen und Schüler (ausgebaute Schülervertretungs-Strukturen) stellt die Schule die nötigen Mittel zur Verfügung, eigene Räume, Kommunikationsmittel, Einbindung in das schuleigene Computernetzwerk „IServ", Mitwirkung an der Gestaltung der Homepage der Schule (Schülerredakteure). Im Rahmen dieses Systems von Beteiligung bleibt die Verantwortung der Lehrkräfte, der Funktionsträger und der Schulleitung für das Gelingen von Schule unbeschnitten. Verantwortung wird nicht abge-

schoben, sie wird aber, soweit es geht, delegiert, was auf der Delegationsebene ein relatives Maß an freier Entfaltung schafft und ein Bewusstsein von Verpflichtung. So hat etwa der oben erwähnte Lehrer-Schüler-Ausschuss der Oberstufe von der Stufenkonferenz eine Gestaltungs- und Entwicklungsverpflichtung aufgetragen bekommen, die er auch wahrnimmt.

Aus der Rede einer Elftklässlerin am Mahnmal der jüdischen Synagoge

„Heute vor 70 Jahren erreichte die Hetze ihren Höhepunkt. Synagogen brannten bis auf die Grundmauern nieder, weil es den Feuerwehrleuten verboten war zu löschen. Juden wurden in dieser Nacht festgenommen, gefoltert, ihre Geschäfte und ihr Besitz enteignet. Dieser Tag war der Anfang jahrelangen Krieges und Hasses in diesem Land.

Es waren Zeiten, in denen die Diktatur herrschte und Menschen verschiedenen Wert hatten, solche Zeiten müssen endgültig der Vergangenheit angehören, denn alle Menschen sind gleich wichtig! Dass wir uns heute hier versammelt haben, um gemeinsam der Ereignisse des Reichspogroms und darüber hinaus den Opfern und Schandtaten der Antisemiten zu gedenken, zeigt unseren Willen dies zu tun.

Man muss sich die Vergangenheit, so grausam sie auch ist, immer wieder in Erinnerung rufen, denn wir haben eine Pflicht gegenüber unserer Geschichte.

Das Vergessen könnte neues Aufflammen faschistischer Ideen bedeuten, was leider teilweise durch die Neonazis schon erfolgt."

(Auszug aus der Rede der Schülerin Franca-Rosa zu Beginn des Schweigemarsches 2008)

Die Schülervertretung der Schule

Die Aufgabe der Schülervertretung (SV) der Robert-Bosch-Gesamtschule ist es, die Interessen der Schüler in den Gremien der Schule und darüber hinaus zu vertreten. Und dabei ist Kooperation das A und O ihrer Arbeit. Die SV arbeitet deshalb mit den anderen Vertretern der Gremien zusammen, um letztlich vor allem eines zu erreichen: das Leben der Schülerinnen und Schüler der Robert-Bosch-Gesamtschule zu verbessern. Zum Beispiel mithilfe des Schulvorstandes. Hier sind vier Schülerinnen und Schüler neben vier Elternvertreterinnen und Elternvertretern und acht Lehrkräften vertreten, um an den wichtigsten Entscheidungsprozessen der Schule mitzuwirken – die Schülerschaft hat somit eigenes Stimmrecht.

In der wöchentlichen SV-Sitzung wird über Themen diskutiert, die jeweils aktuell, interessant und wichtig sind, und es werden Vorschläge oder Lösungen für Probleme erarbeitet. Dabei ist ein 12-Jahres-Abitur genauso Thema wie eine Veranstaltung zum 9. November – dem Tag der Novemberpogrome.

Auf der jährlichen SV-Fahrt, selbstverständlich selbst durch die SV organisiert, kann noch intensiver gearbeitet werden, als es die wöchentlichen Treffen ermöglichen. Zu bestimmten Themenvorschlägen bilden sich Arbeitsgruppen, welche dann in freundschaftlicher Atmosphäre arbeiten und später der restlichen Gruppe ihre Ergebnisse präsentieren.

Um Probleme oder Ideen nicht nur zu besprechen, sondern auch zu lösen beziehungsweise Lösungen umzusetzen, ist die SV außer in Schulvorstand, Gesamtkonferenz und Fachkonferenzen, vor allem im Schüler-Lehrer-Gremium vertreten. Dieses Gremium der gymnasialen Oberstufe arbeitet zuverlässig und ohne große Umwege an Dingen, die direkt die Schüler der Oberstufe betreffen. So wird beispielsweise über einen Münzkopierer für Schülerinnen und Schüler gesprochen oder sichergestellt, dass die Schülerinnen und Schüler den Vorgaben entsprechend auf das Zentralabitur vorbereitet werden. Die Zusammenarbeit in diesem Gremium stärkt das Verhältnis zwischen Schüler und Lehrer und das soziale Klima.

Neben einer Vertretung in so vielen Gremien möchte die SV aber vor allem eines sein: Ansprechpartner für andere Schülerinnen und Schüler. Auch organisiert sie Feten in der Schule oder leitet Projekte zu bestimmten Anlässen wie z. B. dem Welt-Aids-Tag ein. Sie gestaltet also maßgeblich ein bewegtes Schulgeschehen mit.

An der Robert-Bosch-Gesamtschule kann jeder Schüler in die SV eintreten oder jederzeit zur SV kommen und Ideen anregen.

Ein gutes Sozialklima ist ausschlaggebend für einen angenehmen Schulalltag. Die Schülervertretung zeigt, dass Schule viel mehr zu bieten hat als vielleicht vermutet. Es geht nicht nur um das Lernen von Unterrichtsfächern, sondern auch um den Einblick in verantwortungsvolle Aufgaben und vor allem um das Erlangen von sozialer Kompetenz, die wahrscheinlich für die Zukunft wichtiger ist als so manches Unterrichtsthema.

Jill Kraus, Dario Jürgens (Schülervertretung)

Treffen der Schülervertreter

Gemeinsam leben und lernen in der Ganztagsschule

Rückblickend auf inzwischen 37 Jahre Arbeit in und Erfahrung mit einer Schule als Ganztagsschule soll aufgezeigt werden, wie sich Ganztagsschule – und hier im Besonderen unsere Schule – entwickelt hat, welche Vorgaben wir formuliert und wie wir versucht haben, diese im Schulalltag umzusetzen.

Am 8. August 1971 begann es: An neun Standorten in Niedersachsen, von Hildesheim bis Aurich, wurden erste Gesamtschuljahrgänge eingeschult. Niedersachsen war das einzige „Flächenland", das neben den Stadtstaaten Hamburg, Bremen und Berlin von Anfang an integrierte Gesamtschulen konsequent auch als Ganztagsschulen konzipiert hat. Bis zu ihrer Gründung gab es fast keine Erfahrungen mit Ganztagsschulen in Niedersachsen und dem übrigen Bundesgebiet. Was für unsere europäischen Nachbarn die Regel ist, war für deutsche Verhältnisse etwas Besonderes. (Es war – auch bei den Lehrern – in Vergessenheit geraten, dass die Schule früher immer Ganztagsschule war, mit einer Schulorganisation, die den Unterricht auf den Vor- und Nachmittag verteilte. Die Halbtagsschule und die mit ihr eingeführte Kurzstunde von 45 Minuten waren der Preis für eine alle Bevölkerungsteile erfassende Schulpflicht, die den Nachmittag für Helfer- und Hilfsdienste der Kinder im ländlichen und Industriearbeitermilieu freihielt.)

In der ersten Planungsphase (1971/1972) richtete auch unser Kollegium das Hauptaugenmerk auf die curriculare Um- und Neugestaltung. Die Ansprüche des Freizeit- und Ganztagsbereiches als gleichberechtigtes Lernfeld neben dem Unterrichtsbereich mussten erst eingebracht und durchgesetzt werden. An Vorgaben jedweder Art mangelte es, es gab kaum zusätzliche Stunden als Ganztagszuschlag, auch Handreichungen und Richtlinien zur Orientierung fehlten. Ausgestattet mit den wenig konkreten Vorgaben des Deutschen Bildungsrates, dass die „Ganztagsschule nicht einfach eine ausgeweitete Halbtagsschule sein" dürfe und „keinesfalls auf den ganzen Tag ausgedehnte traditionelle Lernschule sein" soll, fand sich eine kleine Gruppe von Lehrerinnen und Lehrern, Eltern und Schülerinnen und Schülern, um erste Planungen und konzeptionelle Entwürfe für ein Ganztagsangebot zu entwickeln.

Not und Mangel machen Reformen möglich, kann man – rückblickend auf diese Anfangszeit – folgern. Von Schülern selbst organisierte und betreute Einrichtungen und Angebote wurden erprobt und haben sich bis heute gehalten (z. B. Disco, Spielstationen, Schülercafé, Kiosk etc.). Man ging das „Risiko" ein, dass nicht jeder Bereich und jede Aktivität vom ständig überwachenden Lehrerauge kontrolliert, gesteuert und damit pädagogisiert werden musste (z. B. autonome Schülergruppen, selbstorganisierte Bereiche).

Während die Stadtstaaten, etwa Berlin, von Anfang an den Ganztagsbereich sowohl sächlich als auch personell gut ausgestattet haben, verbunden mit einer strikten Trennung zwischen dem unterrichtlichen und dem außerunterrichtlichen Bereich, haben die niedersächsischen Gesamt- und Ganztagsschulen sich immer um eine Verzahnung bemüht und den Ganztags-

Die Schülerinnen und Schüler müssen von ihnen genutzte Räume auch aktiv mitgestalten können

Demokratie einzuüben. Die Veränderung und zum Teil der Verlust von sozial stabilen Strukturen verlangt Kindern und Jugendlichen zunehmend mehr individuelle Handlungs- und Entscheidungsfähigkeit ab. Kinder und Jugendliche müssen daher die Erfahrung machen können, dass sie gefragt werden, dass sie mitentscheiden und mitbestimmen. Wer mit 14 Jahren die Religionsfreiheit erhält, wer strafrechtlich verantwortlich ist, wer mit 16 Jahren das aktive Wahlrecht bei den Kommunalwahlen besitzt, der muss diese Rechte und Verantwortung auch im schulischen Alltag gespiegelt finden.

Schule als Ganztagsschule gestalten

Die Robert-Bosch-Gesamtschule arbeitet seit 1971 als sogenannte gebundene Ganztagsschule mit Unterricht am Vor- und Nachmittag an vier Wochentagen. Aus dem Mangel an Personal, Räumen und materiellen Ressourcen entstand ein erstes Konzept, das die Rhythmisierung des Schultages und eine weitgehend schülerselbstorganisierte Freizeitgestaltung zum Schwerpunkt hatte. Für jeweils vier Klassen wurde parallel an jedem Schultag eine sogenannte „gleitende Freizeitstunde" angeboten, in der Räume und Flächen für weitgehend von Schülern organisierte Angebote und Vorhaben (Spiel, Disco, Teestube etc.) bereitgestellt wurden.

Mitte der 70er Jahre wurden diese ersten konzeptionellen Ansätze überarbeitet und verändert und das Konzept der Gruppenstunden entwickelt, das seitdem mit Modifizierungen und leichten Abwandlungen bis heute ein Schwerpunkt unserer ganztagsspezifischen Arbeit ist.

Im Leitbild unserer Schule haben wir formuliert: „Um Chancengleichheit zu ermöglichen, verpflichten sich die Lehrerinnen und Lehrer,

bereich als gemeinsame Aufgabe von Lehrern, Sozialpädagogen, Eltern und Schülern gesehen. Gemeinsame Ziele waren:

‣ Schüler und Schülerinnen sollen die Möglichkeit haben, die *Schule als Lebensraum* zu erfahren, in dem Freizeitelemente in den reglementierten Schultag integriert sind: Unterricht und Freizeit sind gleichberechtigte Lernfelder.

‣ Die Entwicklung von *Schüler- und Jugendkultur* darf nicht als unerwünscht unterbunden werden, sondern muss Freiräume zu ihrer Entfaltung finden, z. B. durch Schülerdisco und -cafeteria, Einflussnahme auf die Gestaltung von Räumen, Flächen und Zonen.

‣ *Selbstverwaltung und Mitbestimmung* müssen das Geschehen im Ganztagsbereich der Schule prägen (Betreuung der Freizeitstationen durch Schüler, Gestaltung der AG-Angebote, autonome Schüleraktivitäten etc.).

Aus heutiger Sicht wäre noch zu ergänzen:

‣ Die Ganztagsschule muss Arbeits- und Umgangsformen entwickeln, die es ermöglichen,

Warum Ganztagsschule – und wie?

Wenn in der Bundesrepublik bildungspolitisch das Pro und Contra der Ganztagsschule abgewogen wird, überwiegen die sozialpolitischen Begründungen, und die Ganztagsschule soll zum gesellschaftlichen Reparaturbetrieb werden für Schlüsselkinder, Kinder aus Restfamilien und zum Aufbewahrungsort für Kinder, deren Elternteile beide arbeiten müssen. Die gesellschaftlichen Entwicklungen der letzten Jahre haben aber gezeigt, dass die Notwendigkeit der Ganztagsschule ihre Begründung nicht nur im Bereich von Defizitausgleichen findet. Ehe und Familie, Arbeitswelt und die Lebensplanung von Frauen und Männern haben sich so sehr verändert und gewandelt, dass die teils auch heute noch propagierte Kleinfamilie, in der sich mittags die Familie zum gemeinsamen Essen versammelt, eben nicht mehr die Wirklichkeit abbildet. Die Blütezeit der Kernfamilie ist vorbei, die Situation seit den 90er Jahren ist durch die Entwicklung vom Menschen als Familienwesen hin zum Menschen als Einzelwesen gekennzeichnet. Die Ehe verliert als herrschende Lebensform an Bedeutung. Mobilität und Flexibilität in allen Bereichen kennzeichnen unsere Zeit, und dies gilt auch für Partnerschaften und die Familienformen, in denen unsere Kinder aufwachsen.

„Schule neu erfinden" lautete das Motto eines Heidelberger Expertenkongresses im April 1995. „Neu erfinden" müssen wir Schule sicherlich nicht, aber konsequenter umsetzen, was an Einsichten, Erkenntnissen und Erfahrungen in den reformbereiten Schulen gesammelt und erprobt worden ist. Ganztagsschulen können nicht allen gesellschaftlichen Anforderungen und Ansprüchen genügen, sie können aber – entsprechend ihrem Umfeld – ihr spezifisches, eigenständiges pädagogisches Profil entwickeln. Eine Gesamt- und Ganztagsschule als Stadtteilschule mit angegliedertem Jugend- und Freizeitzentrum wird ihre Möglichkeiten anders gewichten als eine Schule im ländlichen Bereich, mit Fahrschülern aus mehr als 40 Wohnorten. Das soziale Umfeld einer Schule beeinflusst und bestimmt die Arbeit vor Ort. Ganztagsschule entlastet Eltern und übernimmt, gewollt oder ungewollt, familiale Erziehungsarbeit. Andererseits sind Eltern bereit, in Aufgabenfeldern der Schule wie Mittagspausenangebote, Schulkiosk, Cafeteria, AG-Angebote, Kleingruppenbetreuung, Fördermaßnahmen etc. aktiv mitzuwirken.

Somit ist die Ganztagsschule eine pädagogische Alternative zum herkömmlichen Schulwesen. Sie hat die Möglichkeit, ein Ort für ganzheitliche Erziehung zu sein mit einem breiten Feld von sozialen und kognitiven Lern-, Erlebnis- und Erfahrungsfeldern. Voraussetzung für diese positiven Auswirkungen der Ganztagsschule ist jedoch in erster Linie der Faktor Mensch. Eindrucksvoll hat dies die sogenannte Rutter-Studie (*Fünfzehntausend Stunden*, Michael Rutter, Weinheim 1980) belegt, in der im Rahmen einer Langzeitstudie über 8 Jahre englische Sekundarschulen unter anderem auf Lernerfolg, Schülerverhalten und Schulzufriedenheit untersucht wurden. Bedingungsfaktoren für „gute Schule" sind nicht allein wissenschaftliche Erkenntnisse und gute materielle Ausstattung, sondern ein „Produkt von Kooperation, pädagogischem common sense, Phantasie, Hingabe, Fleiß, Verantwortungsbereitschaft". Lehrerinnen und Lehrer müssen bereit sein, ihre neue und zum Teil veränderte Rolle anzunehmen und zu akzeptieren. „Schule neu erfinden" muss bedeuten: Die Schule „entschulert" zu gestalten, die „humane Schule" im Sinne von Hentigs weiterzudenken, mit Gelassenheit und Geduld zu agieren.

Arbeitsstunde
im Jahrgang 10

das Leistungsvermögen aller Schülerinnen und Schüler zu fördern. Dazu gehört eine anregende Lernumgebung. Im Gegenzug fordert die Schule Leistungsbereitschaft von ihren Schülerinnen und Schülern. Wir erwarten, dass mit zunehmender Selbstständigkeit Stärken aus- und Schwächen abgebaut werden." In drei über die Woche verteilten *Arbeitsstunden* haben die Schüler den Raum, um Aufgaben für die einzelnen Fächer zu erledigen, sich individuell, mit Partner oder Kleingruppe, mit vorgegebenen oder selbst gewählten Aufgaben zu beschäftigen. Betreut wird die Arbeitsstunde von einem der beiden Klassenlehrer und in den unteren Jahrgängen können auch noch Schüler der Oberstufe als Helfer (Pro-

Zeit		Montag	Dienstag	Mittwoch	Donnerstag	Freitag
1	8.00–8.45	Englisch	Gesellschaft	Mathematik	Natur	Natur
2	8.45–9.30	Religion/WuN	Gesellschaft	Arbeitsstunde	Mathematik	Englisch
		20 Minuten Frühstückspause				
3	9.50–10.35	Deutsch	Mathematik	Gesellschaft	Englisch	Gruppenstunde
4	10.35–11.20	Deutsch	Mathematik	Deutsch	Gesellschaft	Gruppenstunde
		25 Minuten Spielpause				
5	11.45–12.30	Musik	Natur	Sport	Arbeitsstunde	Deutsch
6	12.30–13.15	Musik	Natur	Sport	Religion/WuN	Verfügungsstunde
7		*45 Minuten Mittagspause*				
8	14.00–14.45	AWT	Arbeitsstunde	AG	AG	Kunst
9	14.45–15.30	AWT	Englisch	AG	AG	Kunst

Beispiel für einen Stundenplan unserer Schule (Stammgruppe 5.5, Schuljahr 2007/2008)

AWT = Arbeit/Wirtschaft/Technik
Religion/WuN = Religion/Werte und Normen
Grau unterlegt: ganztagsspezifische Angebote (Gruppenstunden in Jahrgang 5–7, Arbeitsstunden in Jahrgang 5–10, Verfügungsstunde/
Klassenrat in Jahrgang 5–10 sind für Jahrgang 5 verpflichtend, für andere Jahrgänge freiwillig)

Mahlzeiten an der Ganztagsschule

Eine Ganztagsschule muss dafür Sorge tragen, dass die Schülerinnen und Schüler sich preiswert und gesund ernähren können. Unabhängig von der Tatsache, dass eine warme Mittagsmahlzeit für die Kinder wichtig ist, lernen sie hier neben dem gemeinsamen Essen in der Gruppe auch einen abwechslungsreichen Speiseplan kennen. Ein Essensausschuss mit Schüler-, Eltern- und Lehrervertretern begleitet die Gestaltung des Angebotes und bringt Anregungen und Vorschläge in die Planung mit ein.

In der Frühstückspause bietet der Schulkiosk belegte Brötchen für 0,60 € an. In der Mittagspause werden in der Mensa warme Mahlzeiten eingenommen. Zum Essen werden drei Wahlgerichte und ein vegetarisches Gericht angeboten, zusätzlich gibt es ein Salatbuffet und in der Regel ein Kaltgetränk. Das Essen kostet zurzeit 2,60 €, das Geld wird monatlich im Einzugsverfahren abgebucht. Die Teilnahme am Mittagessen ist für die Schüler des 5. Jahrgangs an Tagen mit Nachmittagsunterricht verpflichtend. Vor Ende der 6. Stunde gehen die Klassen gemeinsam mit ihrem Lehrer zum Essen. Bis 10.00 Uhr kann ein Kind vom Essen abgemeldet oder eine Essenskarte einzeln im Sekretariat erworben werden.

Alternative zum Pausenbrot: Verkauf von Müsli im UNESCO-Café

jekt: „Große helfen Kleinen") mit dazukommen. Die anstehenden Aufgaben sind im Wochenplan erfasst, der in der Klasse aushängt und Schülern wie Lehrern Auskunft über die zu erledigenden Aufgaben gibt und ausweist, was bereits bearbeitet wurde. Durch festgelegte Methodenbausteine werden die Schüler von Jahrgang 5 bis 10 mit Arbeitsmethoden bekannt gemacht (z. B.

Zeitplanung, Schulaufgaben, Lerntypen, Arbeit mit Nachschlagewerken, Testvorbereitung, effektives Üben, Lesetechniken), die ihnen selbstständiges Arbeiten und Lernen ermöglichen. In den Arbeitsstunden können auch die *Lerncenter* mit Nachschlagewerken und PC-Arbeitsplätzen (mit passwortgeschütztem Zugang, eigenen Speicherbereichen und Internetzugriff) genutzt

Vielfältige Möglichkeiten der Pausengestaltung mittels Ruhe- und Aufenthaltsräumen, Freizeitstationen und Freiflächen

werden, über die fast alle Jahrgänge in ihrem Jahrgangsbereich verfügen. Auch die Schulbücherei mit einem Bestand von 15.000 Bänden und mit weiteren PC-Arbeitsplätzen steht zur Verfügung.

Seit dem Schuljahr 2005/2006 sind Stundenplan und Pausenregelung noch einmal einschneidend verändert worden. Der Vormittag wurde von 5 Stunden auf 6 Stunden verlängert, um mehr effektiv zu nutzende Doppelstunden zu haben. Die bis dahin übliche 5-Minuten-Wechselpause zwischen den Doppelstunden wurde gestrichen und gleichzeitig auch der Pausengong stillgelegt (siehe S. 38). Die entfallenen 5-Minuten-Pausen wurden den sogenannten „großen Pausen", der 20-Minuten-Frühstückspause und der 25-Minuten-Spielpause zugeschlagen. Die Mittagspause wurde – aus Sicht des Ganztagsbereichs: leider – auf 45 Minuten verkürzt.

In der Mittagspause sind für die Schüler neben den Pausen- und Freiflächen Freizeitstationen zugänglich, die die Möglichkeit für Spiel, Entspannung und Ruhe bieten. In von Schülern betreuten Stationen kann man sich im Rundlauf an den Tischtennisplatten, bei Billard, Kicker und Airhockey „abarbeiten". Die Disco bietet neben Musik die Möglichkeit zum Skaten. Das Café in der Eingangshalle bietet Waffeln und Müsli und die Schüler des 5. und 6. Jahrgangs können im Ruheraum eine Auszeit nehmen. Alle Stationen (bis auf den von Sozialpädagogen betreuten Ruheraum) werden von Schülern betreut, die sich zu Beginn der Mittagspause dafür die Schlüssel holen und die Ausgabe von Spiel- und Sportgeräten und das Musikprogramm der Disco organisieren. Dieser großflächige Bereich wird nur von einer Lehrkraft beaufsichtigt, um in Konfliktfällen eingreifen zu können – was in der Regel aber nicht nötig ist.

Unser Gruppenstunden-Konzept: Spielen und arbeiten in der kleinen „Tischgruppe"

Seit 1974 praktiziert die Robert-Bosch-Gesamtschule im Rahmen ihrer Ganztagsarbeit ein Gruppenstunden-Konzept, das in wesentlichen

Teilen von der freiwilligen Mitarbeit der Eltern getragen wird. Dieses Modell dient, neben der Stabilisierung der Tischgruppe als Spiel- und Arbeitsgruppe, auch der Rhythmisierung des Schultages und einer von Schülern mitgetragenen Freizeitgestaltung innerhalb des Wochenplans.

Die Schülerinnen und Schüler werden in stabilen Lerngruppen frei von Fach-Leistungs-Differenzierung unterrichtet. Die Sitzordnung sieht für alle Klassen Gruppentische mit vier bis sechs Kindern vor. Die Klassenstärke liegt zurzeit bei 30 Kindern in sechs Parallelklassen. Die Tischgruppen werden so zusammengesetzt, dass neben der Berücksichtigung von Freundschaften auch gewährleistet ist, dass sowohl Jungen und Mädchen als auch leistungsstärkere und -schwächere Schüler in einer Lerngruppe zusammensitzen. Diese feste Tischgruppe hilft den Kindern beim Eingewöhnen und Sich-Wohlfühlen, indem sie ihnen ein kleines, überschaubares „Zuhause" gibt. In der kleinen Gruppe können sie sich besser kennenlernen,

als das in einer anderen Sitzordnung der Fall ist.

Gruppenstunden bieten durch die kleine Tischgruppe und die Mitbestimmung bei den Inhalten andere Chancen als der Unterricht, soziale Verhaltensweisen einzuüben wie

▸ zuhören,
▸ aufeinander eingehen,
▸ Interessen und Bedürfnisse äußern,
▸ Unterschiedlichkeiten respektieren oder
▸ Gruppenentscheidungen treffen und danach handeln.

Insgesamt sollen Gruppenstunden den Kindern ein Gefühl der Gemeinsamkeit vermitteln, ihre oft starke Ego-Betonung abbauen zugunsten von Spaß und Freude am gemeinsamen Erleben.

Die Eltern machen mit: Betreuung der Kleingruppen

Die Betreuung dieser Kleingruppen, in der Regel sechs bis sieben Tischgruppen pro Klasse, kann natürlich nicht ausschließlich mit Lehrkräften und Sozialpädagogen geleistet werden. Die Schule hat nur zwei Sozialpädagogenstellen und in unregelmäßigen Abständen eine Stelle für Sozialpädagogen im Anerkennungsjahr. Der Klassenlehrer oder die Klassenlehrerin betreut eine Tischgruppe, und in einigen Klassen übernimmt noch ein Sozialpädagoge oder eine Sozialpädagogin eine weitere Tischgruppe. Es bleiben also immer noch fünf bis sechs unbetreute Gruppen. Hier springen Eltern in die „Betreuungslücke" und übernehmen einmal in der Woche eine Tischgruppe. Das Schulgesetz bietet dazu die Möglichkeit (§ 62 Abs. 2 NSchG), und damit ist auch der notwendige Versicherungsschutz für unsere freiwilligen Mitarbeiterinnen und Mitarbeiter gewährleistet. Zurzeit arbeiten fast 150 Eltern – in der Mehrzahl Mütter, aber auch einige Väter, Großväter und Großmütter und manchmal auch ältere Geschwister – in den Gruppenstunden der Jahrgänge 5–7 aktiv mit. Seit 34 Jahren hat diese Praxis ohne größere Schwierigkeiten – was die Bereitschaft der Eltern zur Mitarbeit angeht – Bestand. Seit Anfang der 90er Jahre nimmt die Elternbeteiligung so stark zu, dass wir bisweilen Schwierigkeiten haben, alle Eltern in diese Arbeit miteinzubeziehen. Nach 34 Jahren Gruppenstunden ist es nicht außergewöhnlich, dass wir inzwischen auch Eltern haben, die in ihrer eigenen Schulzeit die Gruppenstunden erlebt haben. Die Einbindung der Eltern von Kindern mit Migrationshintergrund ist uns punktuell gelungen und spiegelt den prozentualen Anteil an der Schülerpopulation wider (zurzeit 5 %). Zum Teil wechseln sich Eltern in vierzehntägigem Rhythmus bei der Gruppenbetreuung ab, um so bei den Gruppenstunden mitarbeiten zu können. Bei den Werbeveranstaltungen in den Grundschulen wird dieser Aspekt unserer Schulsozialarbeit immer betont und herausgestellt – und von den Eltern auch gern angenommen.

Gruppenstunden im Jahrgang 6

Marmelade kochen

Hockey

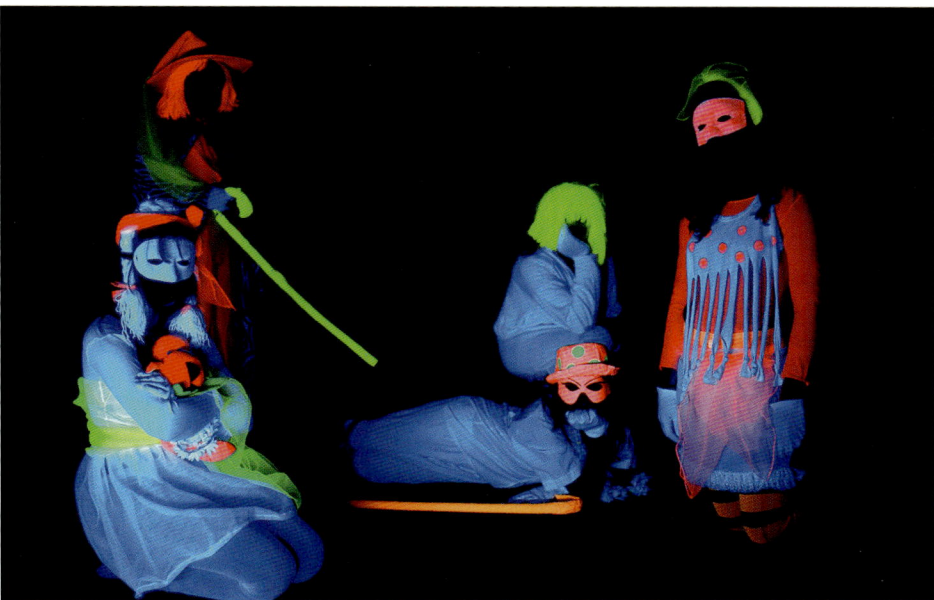

Schwarzlichttheater

Basteln für den Weihnachtsmarkt

Informationen aus unserem Leitfaden für die Betreuer in den Gruppenstunden

▸ Wie ist der Versicherungsschutz bei Fahrten mit einem privaten PKW?
▸ Wie kann ich mit meiner Gruppe ein Gespräch mit dem Warenhausdetektiv organisieren?
▸ Was ist zu tun, wenn man das Tierheim besuchen will?
▸ Wie ist der Einkauf für die Küchen geregelt?
▸ Wie komme ich an Fahrräder für eine Radwanderung?
▸ Welche von Eltern geführten Handwerksbetriebe können besucht werden (Bäcker, Buchbinder, Steinmetz usw.)?
▸ Wie bekomme ich einen Termin bei Feuerwehr und Polizei?
▸ Wo kann man günstig kegeln?
▸ Wir erkunden Spielplätze im Stadtgebiet
▸ Mit der Gruppe zum Abenteuerspielplatz, was ist zu tun?

Die Einbeziehung der Eltern in die Arbeit der Ganztagsschule sollte man nicht nur als eine Notlösung zur Behebung einer personellen Unterversorgung sehen. Die vorbereitenden und begleitenden Elternseminare und die regelmäßigen Nachbesprechungen geben den Eltern einen guten Einblick in die Arbeit der Schule. Schule ist für sie kein Ort, den man erst betritt, wenn mehr oder weniger unangenehme Anlässe dies erfordern, sondern ein Bereich, in dem sie sich auskennen und selbstbewusst ihre und die Interessen ihrer Kinder zu vertreten wissen. Der regelmäßige Kontakt mit Mitarbeitern der Schule nimmt ihnen Hemmungen, die zu viele Eltern schweigen lassen. Die aus der Gruppenstundenarbeit kommenden Eltern repräsentieren eine neue Art von Elternvertretern in den schulischen Gremien. Sachkundig, informiert und engagiert wird eine aktive und selbstbewusste Elternarbeit betrieben, die auch die Lehrer und Lehrerinnen in starkem Maße fordert. Gerade Gruppenstundeneltern sind für die Schule positive Multiplikatoren und Werbeträger, die aus eigener Anschauung und Innenansicht von Schule berichten können und mit ihren eigenen Erfahrungen auch andere Eltern für die Schule gewinnen.

Die Gruppenstunden bieten Eltern die Möglichkeit, die ganz andere Schule *Gesamtschule* und den ganz anderen Schulalltag *Ganztagsschule* hautnah kennenzulernen und so einen Einblick in den Alltag ihrer Kinder zu bekommen und Kontakt zur Schule aufzubauen. Eltern, die in den Gruppenstunden mitarbeiten, werden nicht unvorbereitet in diese Aufgabe hineingenommen. Die ersten Monate Gruppenstunden-Unterricht im 5. Jahrgang werden als eine „Findungsphase" gehandhabt, in der Schüler wie Eltern sich an das Konzept gewöhnen können, als Gruppe zueinander finden können. In dieser Zeit werden die Eltern intensiv auf die Arbeit in den Gruppenstunden vorbereitet.

In einem DIN-A4-Ordner erhalten alle Betreuer die notwendigen Informationen und Auskünfte zum Konzept der Gruppenstunden, zu Fragen des Rechts- und Versicherungsschutzes, eine Übersicht der zu nutzenden Räume und Flächen und eine beispielhafte Sammlung von Anregungen für die Gruppenstundengestaltung sowohl im Bereich der Schule als auch außerhalb von Schule. Zusätzlich zu diesem Leitfaden bietet der Ganztagsbereich in einer Ideen-Börse eine umfangreiche Sammlung von Informationen, Spieleanleitungen etc. an, die als Loseblattsammlung bei Bedarf angefordert werden können. In der Regel gehen die betreuenden Eltern jedoch recht unkompliziert und direkt mit ihren Gruppen um und entwickeln im regelmä-

AUF EINEN BLICK:
Formalitäten, die zu beachten sind

Bei der Planung und Durchführung der Gruppenstunden mit schulfremden Personen gilt es eine Reihe von Vorschriften und Formalitäten zu beachten.

▸ **Versicherungsschutz für Schüler:** Die Schülerinnen und Schüler sind während des Besuchs allgemeinbildender Schulen und schulischer Veranstaltungen (wie eben den Gruppenstunden) unfallversichert. Das gilt nicht nur für den Schulweg, sondern auch für alle „Erkundungsgänge", bei denen sie das Schulgelände verlassen, wenn das zur Gruppenstunde, also zur „Teilnahme am Unterricht" gehört. Wichtig bei solchen Erkundungsgängen ist, dass die Gruppe sich vorher abmeldet! Abmeldungen gehen an das Ganztagsbüro oder an die Stammgruppenleitung. Angegeben werden muss, wer mit wem wo und wie lange ist. Bei längerfristig vorgeplanten Vorhaben sind diese Angaben vom betreuenden Sozialpädagogen im Gruppenstundenprotokoll bereits erfasst.

▸ **Versicherungsschutz für Eltern:** Eltern sind unfallversichert während der Zeit, in der sie als „ehrenamtlich Lehrende" oder als „zweite Lehrkraft" oder „geeignete Begleitperson" gemäß § 45 Abs. 2 NSchG an schulischen Veranstaltungen teilnehmen und in diesem Rahmen Schülergruppen betreuen. Während solcher Tätigkeit (zu der natürlich auch die Gruppenstunden gehören) und auch auf den damit zusammenhängenden Wegen sind sie nach § 539 und § 550 RVO (Reichsversicherungsordnung) versichert. Zuständiger Unfallversicherungsträger ist der Gemeinde-Unfallversicherungsverband.

▸ **Fahrten im Privat-PKW:** Fahrten, die im Zusammenhang mit einer Schulveranstaltung unternommen werden, fallen unter den Versicherungsschutz. Hierbei ist es versicherungsrechtlich unerheblich, mit welchem Verkehrsmittel Wege zurückgelegt werden – zum Beispiel von der Schule in den Wald zur Schnitzeljagd und zurück oder nach Hause. Es können somit auch die privaten Autos von Eltern, Lehrern und Sozialpädagogen benutzt werden.

▸ **Fahrrad-Ausflüge:** Ein Erlass des Kultusministeriums vom 28. 12. 1976 legt fest, dass Radwanderungen mit der ganzen Klasse grundsätzlich erst von Klasse 7 an zulässig sind. Jedoch dürfen in „ländlichen Bezirken auf Wegen mit geringerer Verkehrsdichte" Klassenverbände ab dem 5. Jahrgang Fahrrad fahren. Dafür ist die schriftliche Zustimmung der Erziehungsberechtigten notwendig, einschließlich der Erklärung, dass das Fahrrad in verkehrssicherem Zustand ist. Vor der Fahrradtour müssen die Schüler „belehrt" und auf richtiges Verhalten im Straßenverkehr hingewiesen werden. Die Aufsichtsperson muss hinten fahren, damit sie die Gruppe übersehen kann. An die Spitze kann man „erfahrene" Schüler schicken. Vor einem Fahrradausflug mit der Gruppe sollte Rücksprache mit den Verantwortlichen des Ganztagsbereichs gehalten werden, Kartenmaterial und Vorschläge für Touren können dort abgerufen werden.

▸ **Schwimmen, Rodeln, Skaten:** Bei potenziell gefährlichen Tätigkeiten müssen besondere Voraussetzungen erfüllt sein. Wenn eine Gruppe schwimmen gehen will, gilt: Aufsicht führen darf nur ein ausgebildeter Schwimmlehrer oder jemand, der einen Grundschein der DLRG hat. Da diese Voraussetzungen für die meisten Eltern nicht gegeben sind, nehmen sie am allgemeinen Badebetrieb teil. Rodeln macht zwar Spaß, ist jedoch nicht ganz ungefährlich. Neben den allgemeinen Aufsichtspflichten gilt: Nur mit kleinen Schülergruppen rodeln gehen und vorher das schriftliche Einverständnis der Eltern geben lassen. Das Skaten ist grundsätzlich nur mit entsprechender Schutzkleidung (Knieschutz, Ellenbogenschutz und Handgelenkschutz, in diesem speziellen Fall auch ein Helm) erlaubt. Wir warnen unsere Gruppenstundeneltern vor den Überredungskünsten unserer Schüler, die das Tragen der Schutzausrüstung ablehnen. Darauf sollte man sich natürlich nicht einlassen, sondern auf Schützern bestehen. Sicherheit geht vor!

▸ **Eltern informieren:** Eltern sollten vorab schriftlich über alle relevanten Aktivitäten und die Voraussetzungen dafür informiert werden und sich per Unterschrift damit einverstanden erklären. Das wird am besten zu Beginn des Schuljahres für alle geplanten Tätigkeiten per Formular durchgeführt (siehe dazu das auf der folgenden Seite abgebildete Beispiel-Formular).

Einverständniserklärung

Ich/wir erkläre(n) mich/uns damit einverstanden, dass mein/unser Kind

_____   _____
Name des Kindes   Stammgruppe

in den Gruppenstunden

☐ mit zum Baden geht. Die Gruppe nimmt am allgemeinen öffentlichen Badebetrieb teil und wird durch den Schwimmmeister und die begleitende Betreuungsperson beaufsichtigt.

☐ einen Fahrradausflug macht. Das Fahrrad meines/unseres Kindes ist in einem verkehrssicheren Zustand.

☐ an Outdoor-Sportarten (z. B. Inlineskaten) teilnimmt.

☐ mit dem PKW der Betreuungsperson oder mit dem öffentlichen Nahverkehr zu Gruppenstundenaktivitäten außerhalb der Schule fährt. Wenn im Anschluss an die Gruppenstunde kein weiterer Unterricht stattfindet, soll mein/unser Kind direkt nach Hause gehen bzw. fahren.

☐ sich am Kanusport beteiligt. Mein/unser Kind ist schwimmsicher und besitzt mindestens das Jugendschwimmabzeichen in Bronze.

☐ an Wintersportarten (z. B. Schlittschuhlaufen, Rodeln) teilnimmt.

_____   _____
Ort und Datum   Unterschrift der/des Erziehungsberechtigten

Formblatt für die Einverständniserklärung durch die Erziehungsberechtigten. Eine solche Erklärung wird zu Beginn der Gruppenstundenaktivitäten allen Eltern vorgelegt. Alle in der Gruppenstunde geplanten Aktivitäten werden hier mitgeteilt, und die Eltern erteilen durch ihre Unterschrift ihre Zustimmung zu den verschiedenen Vorhaben für das laufende Schuljahr.

ßigen Gespräch und Gedankenaustausch mit Klassenlehrerin beziehungsweise -lehrer und Sozialpädagoge und den anderen Eltern ihren eigenen Stil im Umgang mit der Tischgruppe.

Im Verlauf der mehr als 30 Jahre Gruppenstunden hat sich sowohl die Art der Fortbildungsangebote als auch ihre Organisation und Durchführung verändert. Als Träger für unsere Fortbildungsmaßnahmen haben wir schon mit der Volkshochschule kooperiert, einige Jahre war auch die evangelische Mütterschule Träger dieser Angebote, inzwischen ist es eine ausschließlich von der Schule getragene Maßnahme.

Die „Findungsphase" in den Gruppenstunden

In der Findungsphase der neuen Klassen des 5. Jahrgangs, in der Zeit bis zu den Herbstferien, werden die Gruppenstunden als Spiel- und Interaktionsstunden für die gesamte Klasse gestaltet. Durchführung und Organisation liegen in der Hand der Klassenlehrer, die hierbei von der für den Jahrgang zuständigen Sozialpädagogin unterstützt werden. Der Ganztagsbereich bietet für diese Stunden Spielvorschläge an, die das Kennenlernen in der Gruppe fördern und erste Voraussetzungen für Entscheidungsfindung und Konfliktlösung bieten. Während dieser Phase werden unter anderem auch aufgrund der Erfahrungen in den Spielstunden die Tischgruppen endgültig zusammengesetzt.

Abgeschlossen wird die Findungsphase durch ein festliches Essen im Klassenraum, bei dem die Tischgruppen ihre Tische selbstständig herrichten. Eingeladen sind dazu auch die zukünftigen Betreuer und Betreuerinnen – die Mütter und Väter, Lehrer und Sozialpädagogen. In der festlich-fröhlichen Tischgruppenrunde lernt man sich kennen und plant am Ende der

Doppelstunde schon die ersten Vorhaben für die Zeit nach den Herbstferien. Jede Gruppe erhält an diesem Tag ein Gruppenbuch (China-Kladde), in das Planungen, Vorhaben, Gruppenregeln etc. eingetragen werden. Dieses Buch liegt im Klassenraum aus, und so können Betreuer oder Kinder jederzeit nachsehen, was für die nächste Gruppenstunde geplant ist, ob und wer etwas mitzubringen hat (beispielsweise Belag für die Pizza, Schlittschuhe zum Eislaufen, Schwimmzeug fürs Baden, Inlineskates oder Material für Fotogramme). Vielfach ist die Gestaltung des Gruppenbuches bereits ein erstes gemeinsames Vorhaben.

Parallel zu den Spielstunden vor den Herbstferien läuft die Vorbereitung der zukünftigen Gruppenbetreuer. Das Team des Freizeitbereichs bietet eine Elternfortbildung an, in der pädagogische Fragen, aber auch konkrete Arbeitsmöglichkeiten in der Schule und Möglichkeiten der Gruppenstundengestaltung vermittelt werden. Immer wieder machen wir in dieser Phase die Erfahrung, dass Eltern ihre Kontakte zu außerschulischen Einrichtungen und ihre Kenntnisse im künstlerisch-kreativen oder sportlichen Bereich mit in die Vorbereitungsphase einbringen und dadurch das Repertoire der Gruppenstundenangebote ausweiten und bereichern. Die Rolle der Vermittlung von Fertigkeiten kann daher wechseln und „altgediente" Gruppenstundeneltern leiten selbst Fortbildungsangebote und Lehrer und Sozialpädagogen lernen dazu.

Es besteht für die mitarbeitenden Eltern auch die Möglichkeit, Unterricht in „ihrer Klasse" zu besuchen und so schon einmal ihre Tischgruppe in der Unterrichtssituation zu erleben. Den Eltern ist es freigestellt, ob sie eine Tischgruppe betreuen wollen, zu der die eigene Tochter oder der eigene Sohn gehört, oder ob sie lieber eine andere Gruppe möchten.

Aus der Praxis:
Die Erfahrung zeigt, dass im 5. Jahrgang fast alle Eltern wünschen, dass das eigene Kind zu ihrer Tischgruppe gehört. Eine Befragung (durchgeführt 1991) unter den Schülerinnen und Schülern hat uns gezeigt, dass sie bei generell hoher Zufriedenheit mit den Gruppenstunden (82 %) auch die Mitarbeit der Eltern in der eigenen Gruppe weitgehend positiv einschätzen. Im 7. Jahrgang wird diese Gruppenstunden-Bindung an das eigene Kind von den Eltern nicht mehr grundsätzlich gewünscht, man kennt sich inzwischen in der Großgruppe aus und braucht und wünscht diese Koppelung nicht mehr.

Nach den Herbstferien beginnt dann die Arbeit mit den Tischgruppen. Im Anschluss an jede Gruppenstunde findet eine Nachbesprechung statt. Die Nachbesprechung wird vom betreuenden Sozialpädagogen geleitet, die Klassenlehrerin ist für diese Zeit mit einer Freistunde im Stundenplan eingeplant und nimmt so regelmäßig an der Nachbesprechung teil. Hier werden Erfolg und Misserfolg der vorangegangenen Gruppenstunden besprochen; man tauscht sich über Angebotsmöglichkeiten aus, gibt Anregungen für andere Gruppen, klärt gemeinsame Ansprüche an Planung und Inhalte von Gruppenstunden ab und trifft organisatorische Absprachen für die nächsten Gruppenstunden. Auch und gerade für Klassenlehrer und Klassenlehrerin sind diese Nachbesprechungen wichtig und informativ, wird doch im vertrauteren Kreis der Kleingruppe manches Problem angesprochen – seien es Probleme einzelner Kinder in Schule oder Elternhaus oder Schwierigkeiten, die die Klasse belasten – und man kann gemeinsam nach einer Lösung suchen.

Die Überschaubarkeit der Kleingruppe und die nach jeder Gruppenstunde folgende Nachbesprechung sorgt in der Regel dafür, dass even-

tuell auftretende Probleme angesprochen und gelöst werden können. Dadurch, dass Klassenlehrer oder Sozialpädagogen im 5. Jahrgang oftmals keine feste Gruppe übernehmen, wenn ge-

---

Umgang mit Problemen

In Gruppenstunden gibt es natürlich immer auch mal Probleme. Es ist wichtig, gemeinsam Lösungsmöglichkeiten dafür zu entwickeln. Ein Beispiel: Pizza backen und essen wollen alle, aber aufräumen und abwaschen will keiner. Für diesen Fall wurde Folgendes als Lösung vorgeschlagen: Im Gruppenbuch soll nicht nur festgehalten werden, wer was für die Pizza mitbringt, sondern auch, wer nach dem Backen abwäscht, wer den Raum ausfegt und wer den Mülleimer entleert.

Schüler des 7. Jahrgangs (in der Regel nur Jungen) verweigern auch mal die aktive Mitarbeit in ihrem Projektvorhaben. Diese Schüler werden im „Service-Team" zusammengefasst, sie helfen in ihrer Gruppenstundenzeit den Hausmeistern bei Reparatur- und Reinigungsarbeiten. Diese Arbeit wird meist nicht als Bestrafung empfunden, sondern hier können „handfeste Dinge" gemacht werden (Pflegearbeiten in den Grünanlagen, Handreichungen bei Möbelreparaturen, Bestuhlung für Veranstaltungen etc.), die ihnen zusagen und Wichtigkeit geben.

---

nug Eltern mitarbeiten, können sie als Springer dienen oder auch mal bei einer „schwierigen" Gruppe mitgehen oder einzelne Schüler herausnehmen. Hin und wieder ist es auch angebracht, eine Tischgruppenkonferenz einzuberufen, auf der Schüler ihre Schüler-Schüler-Konflikte oder auch Konflikte mit den Gruppeneltern unter Moderation der Klassenlehrer oder der Sozialpädagogen aufarbeiten.

Zwischen Eltern, Lehrern und Sozialpädagogen haben sich im Laufe der Jahre Formen des ungezwungenen Zusammenseins entwickelt. So zeigen „Klönabende", Stammtische, Wandergruppen etc. sehr unterschiedliche Formen des außerschulischen Kontaktes auf. Unsere ersten Gruppenstundeneltern – ihre Kinder sind inzwischen 40 Jahre alt – treffen sich immer noch regelmäßig zum Wandern und fehlen bei keinem Schulfest und Ehemaligentreffen.

Die „neuen" Gruppenstunden: Von der Tischgruppe zur Projektgruppe

In den Gruppenstunden im 6. Jahrgang wandelt sich in einem langsamen Übergang die Arbeit in den Tischgruppen zur themenorientierten Projektgruppe. Nach den ziemlich festen inhaltlichen und räumlichen Vorgaben für die einzelnen Tischgruppen im 5. Jahrgang beraten sich die Kleingruppen nun über mögliche gemeinsame Aktivitäten und lassen diese Wünsche mit in den Ablaufplan einfließen. Durch die Wahl solcher Aktivitäten wie Theater spielen, Gartenpflege, Besuch im Altenheim usw. ergibt sich daraus häufig der Wunsch nach einer kontinuierlichen Projektarbeit. Der Zeitpunkt, wann mit der Projektarbeit begonnen wird, ist von der Zufriedenheit und den Interessen aller Beteiligten – Schülern, Betreuern, Lehrern – abhängig und wird flexibel gehandhabt.

Die Schüler gewöhnen sich im 6. Jahrgang an längerfristig laufende Angebote, an „Präsentationen" ihrer Werke (wie Theaterspiel, selbst gedrehte Videos, Modenschauen) und sind somit bestens auf die „Anforderungen" im 7. Jahrgang vorbereitet. Die Kleingruppen entwickeln sich zu Projektgruppen, die sich zu einem selbst ge-

---

Eltern über ihre Arbeit in den Gruppenstunden

„Ich engagiere mich in den Gruppenstunden, weil ich es als Chance sehe, am Schulleben meiner Tochter teilzunehmen. Dies hört sich sicherlich nach einer nicht berufstätigen Mutter an, die ihre Kinder nur ungern unter ihren Fittichen weglässt, ist damit aber nicht gemeint. Vielmehr möchte ich die Gelegenheit ergreifen, mein Kind in seinem schulischen Umfeld kennenzulernen und auch die anderen Kinder der Gruppe. Außerdem bekomme ich Einblicke in das Schulleben, sodass Tagesablauf, Namen und Gesichter nicht nur anonyme Floskeln sind, sondern zum besseren Verständnis zwischen meiner Tochter und mir beitragen.

Es wird mir immer wieder vor Augen gehalten: Jedes Kind ist anders, jedes Kind reagiert anders, jedes Kind ist eben individuell – ein Individuum! Außerdem finde ich es faszinierend zu beobachten, wie sich die Kinder, die in der Regel zufällig zusammengesetzt werden, von Woche zu Woche mehr finden und zu einer Einheit zusammenwachsen.

Anfänglich überwogen die Zweifel, ob das wohl alles so richtig und gut war, worauf ich mich da eingelassen hatte: Kann ich dem überhaupt gerecht werden, was die ‚Schule', die Lehrer, vor allem die Kinder von mir erwarten? Aber von Woche zu Woche hat es immer mehr Spaß gemacht, und ich hoffe, von den Kindern noch viel lernen zu können."

Frau B., Mutter von zwei Töchtern

„Es ist uns wichtig, am Leben unserer Kinder teilzuhaben. Nur wer sich einbringt, kann Dinge beurteilen und gegebenenfalls verändern.

Ich lerne die Klassenkameraden der Kinder kennen, weiß so, von wem sie zu Hause erzählen. Durch die Teamarbeit mit den Lehrkräften wird die Kluft Lehrer-Eltern überbrückt. Das Gefühl, an einem Strang zu ziehen, bildet sich recht schnell heraus. Durch die eigene Präsenz in der Schule und das Mitwirken am Schulgeschehen fühlt man sich ernst genommen. Meine beiden Kinder sind froh, dass ich zu den Gruppenstunden komme.

Ich habe gelernt, wie schwer es ist, mit einer anfangs scheinbar willkürlich zusammengewürfelten Kleingruppe (5–6 Kinder) etwas Sinnvolles auf die Beine zu stellen, was auch noch den Anspruch hat, allen Spaß zu machen und sie auf dem Weg zum ‚Teamsein' stärken soll. Von Woche zu Woche wächst die Gruppe mehr zusammen, man lernt sich kennen, hört auf den anderen. Im Familienalltag hat man Besuchskinder im Haus, die sich mit den eigenen Kindern vertragen. Die Spielpartner sind selbst ausgesucht. In der Schule müssen wir Gruppeneltern und auch die Kinder untereinander zusammenarbeiten, obwohl wir vielleicht extrem unterschiedlich sind und uns nicht ‚riechen' können. Sehr spannende Erfahrungen entstehen hieraus, die ich nicht missen möchte.

Ich habe ein besseres Verständnis für die Lehrkräfte bekommen. Ich habe einen besseren Einblick in das, was meine Kinder so alles ‚durchmachen' an einem langen Schultag. Die Gesprächsbasis zu Lehrern und Kindern ist viel besser geworden!"

Frau W., Mutter von drei Kindern

wählten Thema bilden. Diese Projektgruppen laufen in der Regel zwischen den Ferien, also etwa 7 bis 10 Wochen. Die Betreuung der Schüler erfolgt nach wie vor durch Eltern, Lehrer und Sozialpädagogen. Sie haben aber auch die Möglichkeit, eigenständig, also ohne ständige und feste Anleitung durch einen Erwachsenen, als autonome Gruppe zu arbeiten.

Die Schüler überlegen sich das Thema des Projektes, sie formulieren Zielvorstellungen, die es zu erreichen gilt, und sie arbeiten auf eine Präsentation vor ihren Mitschülern hin. Mithilfe eines vorgegebenen Planungsrasters (siehe die Abbildung auf der rechten Seite) meldet die Gruppe ihr Vorhaben an den die Gruppenstunden koordinierenden Sozialpädagogen. Diese Rückmeldung zeigt, welche Räume, Materialien und andere Ressourcen benötigt werden und was in der vorbereitenden Planung gewährleistet werden muss.

„Es ist spannend zu sehen, wie die Tischgruppen zusammenwachsen, auch wenn das nicht immer so einfach ist. Weil die Kinder jetzt fast den ganzen Tag fern von zu Hause sind, ist es schön, sie ein Stück in ihrer Entwicklung zu begleiten. Man lernt die Mitschüler kennen und bekommt Einblicke in den Schulalltag, die man sonst durch Erzählen nie bekommen würde.

Durch die Gruppenstunden gibt es für Eltern Fortbildungsmöglichkeiten in Bereichen, die man vielleicht für sich allein nie ausprobieren würde. Man investiert seine Freizeit und bekommt viel zurück. Die Kinder zeigen, dass ihnen die Gruppenstunden Spaß machen. Sie lernen aber auch Kompromisse einzugehen, das heißt, es muss immer ein gemeinsamer Weg gefunden werden, mit dem alle zufrieden sein können. Eine wichtige Fähigkeit für unsere heutige Gesellschaft, in der viele Menschen gar nicht mehr wirklich mit anderen kommunizieren können."
Herr und Frau F., eine Tochter

Schülerinnen und Schüler über die Gruppenstunden

„Ich finde die Gruppenstunden sehr wichtig, weil man sich untereinander besser kennenlernen kann. Es gibt tolle Angebote wie zum Beispiel den Freizeitbereich, wo man Tischtennis, Billard, Air-Hockey und Tischkicker spielen kann. Ich finde die Gruppeneltern sehr nett. Jede Gruppe muss sich auch einen Gruppennamen aussuchen wie zum Beispiel ‚Super-Kids'. Man lernt auch die Eltern anderer Kinder ken-

nen. Ich finde es toll von den Eltern, dass sie auch andere Kinder aus der Fünften kennenlernen wollen."
Sophie (Jahrgang 5)

„Wir haben Spaß. Wir haben Erlebnisse gemeinsam: Wir lernen neue Sachen kennen. Wir lernen uns untereinander kennen. Wir machen was zusammen. Es ist ohne Bewertung und wir sind trotzdem lieb."
Jan (Jahrgang 5)

„Wir lernen, uns abzusprechen und zu entscheiden (das ist nicht immer leicht). Wir finden es besser als Fachunterricht."
Tobias (Jahrgang 6)

„Freundschaft und Teamwork. Zusammen kann man alles schaffen!"
Bettina (Jahrgang 7)

„Gut ist: Dass man in der nächsten Stunde konzentrierter ist. Dass man vieles lernen kann, zum Beispiel Kochen usw. Dass man viel an der frischen Luft ist. Man lernt nicht nur, man hat auch Spaß. Man arbeitet nicht immer allein, sondern mit einer Gruppe."
Robert (Jahrgang 6)

„Wir haben Zeit, in einer Gruppe Spaß zu haben. Wir haben Zeit, sportlich aktiv zu sein. Wir haben Zeit, uns richtig auszupowern. Ich freue mich sehr über diese Stunde, denn sie bietet allen Einsamen die Möglichkeit, mit anderen in Kontakt zu gelangen." Nele (Jahrgang 6)

Wie soll das Projekt heißen?	
Welche Schüler sind daran beteiligt?	
Wie und woran soll gearbeitet werden?	
Wie und was wollt ihr präsentieren?	
Welche Hilfen, Materialien und Medien werden benötigt?	

Planungsraster zur Anmeldung eines Gruppenstunden-Projektes

Wenn das Projekt die Zustimmung der Betreuer findet, steht der weiteren Gruppenarbeit nichts mehr im Weg. Die Gruppe erhält ihren Arbeitsplan, in dem sie den Fortgang ihrer Arbeit dokumentieren kann. Wichtig ist uns auch, dass die Arbeit gerecht auf alle Beteiligten verteilt wird. Arbeitsplan und Protokollbogen für erledigte und noch zu erledigende Arbeiten werden nach den Gruppenstunden an den betreuenden Sozialpädagogen zurückgegeben, so ist der Überblick über die Fortschritte und auch die Schwierigkeiten bei der Verfolgung des Projektes gesichert.

Mittlerweile liegen hinreichend Erfahrungen mit dieser „neuen" Gruppenstunde vor. Es zeigt sich, dass unsere Schüler eine ungewöhnliche Vielfalt von Projektthemen entwickeln. Und wir stellen darüber hinaus fest, dass sich auch Schüler profilieren, die sich im üblichen Unterricht eher sehr zurückhalten. Dadurch, dass sich in der Gruppenstunde Projektinhalte verwirklichen lassen, die zu ihren Interessengebieten gehören – seien es Theaterspiel, Musikbands, Stars, technische Themen, Tanz, Aerobic, Volleyball oder andere Sportangebote – fühlen sie sich sicherer und bringen sich stärker in die Gruppe ein. Im 7. Jahrgang sind wir seit zwei Jahren in Kooperation mit einer Fachoberschule für Sozialwesen, die die Schule als Praktikumsort für ihre Schülerinnen und Schüler gewählt hat. Diese arbeiten als Betreuer in den Gruppenstunden mit und sind eingebunden in unsere Ganztagsarbeit. Dieses zusätzliche Personal macht es möglich, dass auch Kleinstgruppen mit nur zwei oder drei Schülern ihr Projekt verfolgen können. Wir sind auf einem guten Weg. Das zeigen sehr eindrucksvoll die bisherigen Präsentationen des 7. Jahrgangs.

Das Große im Kleinen: Die Sommerschule

Fächerübergreifendes Lernen, Veränderung der Lehrerrolle, selbstständiges Lernen, Präsentation von Ergebnissen, Verbindung von Erleben und Erlernen, Verantwortung übernehmen, gemeinsam leben und lernen – mit diesen Schlagwörtern lassen sich die jahrelangen Erfahrungen unserer pädagogischen Arbeit summieren. Ideen müssen Mitstreiter finden, Reformen müssen wachsen, damit sie in das Gefüge eines Systems implementiert werden können. Mit der „Sommerschule", die wir einmal im Jahr auf der Insel Aarö abhalten, ist uns das gelungen, sie dient uns als ein Experimentierfeld unserer Schulentwicklung. Die Sommerschule kann als eine Generalmetapher unserer Arbeit angesehen werden.

In Dänemark liegt im kleinen Belt die ganz kleine Insel Aarö. Ein Hafen mit Fähranleger, Kiosk und Leuchtturm, ein Dörfchen mit Kirche, Friedhof und Restaurant, ein paar Bauernhöfe, ein Campingplatz. Drei Kilometer im Durchmesser, nicht größer als die Hildesheimer Innenstadt. Seit 1997 findet dort für die Schülerinnen und Schüler des 8. Jahrgangs der Robert-Bosch-Gesamtschule ein Unterrichtsprojekt statt, das wir – in der Hoffnung auf schönes Wetter – „Sommerschule" genannt haben. Jeweils zwei Stammgruppen, mit Lehrern und mithelfenden Eltern etwa 70 Personen, leben für sieben Tage in einem Zeltlager am Meer. Vor Ort sollen die Schülerinnen und Schüler in den unterschiedlichen Arbeitsgebieten (Flachwasser, Salzwiesen, Vögel) die verschiedenen Erscheinungsformen eines ökologischen Großsystems erfassen; sie sollen den Lebensraum des „kleinen Tümmlers" kennenlernen; Einsicht und Verständnis für ökologische Wirkungszusammenhänge entwickeln und erkennen, wie die Insel sowohl von der Natur als auch vom Menschen verändert wird.

Zum einen geht es also um Inhalte im Bereich Umwelt- und Naturschutz. Angesichts der zunehmenden Informationsflut, Vereinzelung und Bewegungsarmut aber erscheint uns der soziale und erlebnisorientierte Aspekt unserer Sommerschule von noch größerer Bedeutung. Für 14-jährige Stadtkinder sind die Tage und Nächte in einem Zeltlager oft eine neue Erfahrung, eine Herausforderung und – manchmal auch für die Lehrerinnen und Lehrer – ein Abenteuer. „So viel Belehrung wie möglich durch Erfahrungen ersetzen oder durch Erfahrungen ergänzen", formuliert Hartmut von Hentig als Ziel.

Im Sommer 2009 wird die Sommerschule zum 13. Mal stattfinden, sie ist fester Bestandteil des Lehrplans unserer Schule. Hier wird gelebt und gelernt, hier realisiert sich, was im Leitbild unserer Schule als „Erziehung zur Mitverantwortung" und „Bewahrung der natürlichen Lebensgrundlagen" formuliert ist.

Natürlich gab es um die Frage der Festlegung einer über Jahre verbindlichen Klassenfahrt im 8. Jahrgang auch Bedenken im Kollegium, Einwände in der Gesamtkonferenz: Warum ins Ausland? Schützt man die Umwelt nicht eher, wenn man auf lange Busfahrten verzichtet? Warum nicht ein Waldpraktikum im nahen Vorharz? Warum für alle verbindlich? Übers Wochenende? Darf die Schule zusätzliche Arbeit am unterrichtsfreien Sonnabend und gar am Sonntag verlangen? Wird die zusätzliche Belastung ausgeglichen? Aber das Faszinierende, Landratten ans Meer zu bringen, 14-Jährigen – zu alt für den Spiel-

platz, zu jung für die Disco – Gruppenerlebnisse im Zeltlager zu bieten, Schule draußen erleben zu lassen, überzeugte. Dieser Diskussions- und Entscheidungsprozess war notwendig, weil ein Zeltlager mit Lagerküche, Unterrichts-, Freizeit- und Sportequipment finanziell bewältigt werden muss und gegenüber Busunternehmen, Fähren- betreiber und Campingplatzinhaber vertragliche Vereinbarungen eingegangen werden.

Vor allem aber ist ein solches Projekt ange- wiesen auf Menschen, die Ideen haben und sie mit anderen verwirklichen. Die Sommerschu- le ist getragen vom nachhaltigen Engagement der Eltern, die zum Teil ihren Urlaub opfern, und der Lehrerinnen und Lehrer. Inzwischen ist die Begeisterung der Teilnehmer Garant für die Nachhaltigkeit und dafür, dass sich immer wieder tatkräftige Schüler, Eltern und Lehrer für die laufenden Arbeiten finden: Die Ausrüstung muss für den nächsten Einsatz vervollständigt, repariert und gewartet werden. Das braucht „Manpower" und Unterstützung durch die schu- lischen Institutionen, das fordert den Konsens.

Schon der Prozess, der die Einrichtung der Sommerschule zum Ergebnis hatte, ist charak- teristisch für unsere Arbeit: breiter und aus- führlicher Diskurs, aber dann Beschluss und verbindliche Realisierung. Und auch, wenn wir

Sommerschule
auf der Insel Aarö

vor mehr als 10 Jahren das so noch nicht for- muliert haben: Das Projekt „Sommerschule" ist leitbildorientiert!

Die Unterrichtsinhalte der Sommerschule wurden in die Curricula der Fächer Natur und

Lagerleben mit
Lehrern, Eltern und
Schülern

116

chen Gegebenheiten der Insel: Landwirtschaft, Fischfang, Tourismus.

Die traditionellen Schulfächer haben in diesem Projekt ihr Nebeneinander verlassen. Solch ein Ereignis muss vorbereitet sein. Die Erkenntnis der Wichtigkeit fächerübergreifenden Lernens und der Jahresplanung gehört zu einem solchen Projekt dazu.

Die Lehrerinnen und Lehrer, die ihre Stammgruppen in die Sommerschule begleiten, werden in einer schulinternen Lehrerfortbildung – manchmal auch vor Ort – vorbereitet. Ein Prozess der Teambildung, der die unterrichtliche Arbeit vorbereitet und dabei auch die fachfremden Kollegen qualifiziert, der in der Verabredung gemeinsamer Regeln einen pädagogischen Konsens herstellt und Wahlangebote für beide Stammgruppen entwickelt – mal mehr sportlich, mal mehr künstlerisch, je nachdem, wer mitfährt. So haben wir die Anleitung für einen Orientierungslauf in den Unterlagen, ein Segel-Schnupperkurs mit einer VB-Jolle ist vorbereitet mit Bootskunde, Knoten und Vorfahrtsregeln. Kunstkollegen transportieren Materialien für Malerei und plastisches Gestalten, für das Fotografieren stehen das Sommerschul-Notebook zur Bildbearbeitung und der Beamer für die Präsentation zur Verfügung. Von Streichholzschachtel-Landschaften bis Landart-Kalendern, von mannshohen Leuchttürmen, bis zu lebensgroßen Möwen und Schweinswalen aus Pappmaschee bietet unsere Eingangshalle nach jeder Sommerschule prächtige Beispiele aus dem Unterricht. Das Produkt am Ende des Lern- und Arbeitsprozesses einer Gruppe von Schülerinnen und Schülern spielt eine große Rolle, der Unterricht in der Sommerschule ist auf die selbstverantwortliche Gruppe ausgerichtet und auf die gemeinsam erbrachte Leistung orientiert.

Gesellschaft eingearbeitet, sodass die Schülerinnen und Schüler auf Themen und Aufgaben vorbereitet sind. Im Fach Natur beschäftigen sich die Schülerinnen und Schüler mit den biotischen Faktoren des Ökosystems Flachwasserzone – sie lernen dabei, die natürliche Artenvielfalt an Tieren und Pflanzen in und am Wasser zu erfassen – und mit den abiotischen Faktoren des Ökosystems Ostsee – hierbei lernen sie, wie übermäßige menschliche Einflüsse die natürliche Artenvielfalt verändern. Im Fach Gesellschaft haben die Schüler schon im 7. Jahrgang gelernt, dass die Eiszeit unsere Landschaft geprägt hat. Aarö ist eine Insel der Eiszeit, hier wirken auch heute noch Kräfte, die die Erde verändern: Wind und Wasser. Zusätzlich untersuchen die Schüler die Lebensbedingungen der Menschen auf der Insel und lernen Probleme der Versorgung und Entsorgung kennen. Das Wirtschaften der Menschen aber ist wieder ein Eingriff in die natürli-

Außer zur Sommerschule fahren wir auch im Ostsee-Projekt der Oberstufe nach Aarö. In diesem Projekt verbinden sich bei meeresbiologischen Untersuchungen Sport und Fachwissenschaft: Schülerinnen und Schüler, die in der AG „Tauchen" einen Tauchschein erworben haben, erkunden den Lebensraum der in ihrem Bestand gefährdeten Schweinswale.

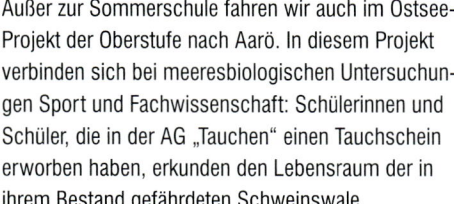

Präsentationen – sehen, was wie und warum gelingt oder danebengeht – sind selbstverständliche Folge offenen Unterrichts. Wenn Schülerinnen und Schüler über Erlebnisse, Erfahrungen, Experimente berichten, dann teilen sie Bedingungen des Gelingens und Risiken des Scheiterns den Gruppen mit, die diese Arbeit vielleicht morgen machen werden und dann vielleicht Auskunft geben können, wie sie die Erfahrung ihrer Mitschüler für ihr Ergebnis nutzen konnten.

In der Sommerschule erlebt jeder jeden bei der Arbeit. „Offene Türen", die wir in jeder Schule glückselig begrüßen, sind in der Sommerschule eine „natürliche Gegebenheit", die nicht erst organisiert werden müsste: Hier gibt es keine Türen, die jemand schließen könnte oder die jemand öffnen müsste. Das gilt für alle Beteiligten – Unterrichtende, Jugendliche, El-tern –, das gilt Tag und Nacht und für alle Tätigkeiten: Sommerschule ist Arbeit und Leben.

Und wenn wir bei Unwetter klatschnasse und begeisterte Kinder erleben, die das Kochzelt gegen Sturm und Regen gesichert haben, dann sind darunter sicher auch Mitglieder einer dörflichen Jugendfeuerwehr, die bisher im Englisch-, Mathe- oder Naturkurs nicht auffällig geworden sind, hier aber mit den Kräften der Natur umgehen können: Die Wertschätzung der Leistung der Schülerinnen und Schüler, der helfenden Eltern und auch die Anerkennung unserer Arbeit durch die Schüler und Eltern ist eine wichtige Grundlage für das Gelingen von Schule. So entwickelt sich in der „kleinen" Sommerschule eine Denk-, Lern- und Arbeitsstruktur, die als Teamkultur für das Großsystem Robert-Bosch-Gesamtschule charakteristisch ist.

Geografie praktisch:
„Steinreise" und
„Inselmodell"

Präsentation
von Untersuchungs-
ergebnissen

Bildquellenverzeichnis

Umschlag: Theodor Barth (Robert Bosch Stiftung GmbH, Stuttgart) (links und Mitte),
Wilfried Kretschmer (rechts)

Thomas Beyerling (39, 89, 92 oben)
Jürgen Braun (61)
Chris Gossmann (35 unten, 70)
Hans Georg Henkel (118, 119 links oben)
Lydia Höllings (78, 113)
Konrad Homeister (115, 116)
Dario Jürgens (56 links und Mitte, 85)
Dario Jürgens und Christoph Kuhrmeier (42, 43)
Burkard Kallmeyer (22)
Wilfried Kohrs (10)
Wilfried Kretschmer (19 rechts, 23, 25, 26, 27, 32, 74, 75, 91, 108 links und rechts, 114, 117, 119 rechts und unten)
Elisabeth Mokosch (35 oben und Mitte)

Alle übrigen Fotografien: Theodor Barth (Robert Bosch Stiftung GmbH, Stuttgart)